Claus Dieter Benny Fienhage, the Riser
Die Hirschburger Powerstation-Story 1986

Claus Dieter Benny Fienhage, the Riser

Die Hirschburger Powerstation-Story 1986

Rediroma-Verlag

Bibliografische Information der Deutschen Nationalbibliothek:
Die Deutsche Nationalbibliothek verzeichnet diese Publikation in der Deutschen Nationalbibliografie; detaillierte bibliografische Daten sind im Internet über http://dnb.ddb.de abrufbar.

ISBN 978-3-96103-263-1

www.rediroma-verlag.de
10,95 Euro (D)

Inhalt

Gewidmet der Jugend auf der
Suche nach der Zukunft
Die Zeit vergeht schnell
und Gefangen zwischen

Einrichten!
Aufbrechen!!
Atomkrieg???

1986 wird in meinem
Gedächtnis sein,
bis das Vergessen alle
Erinnerungen löscht.

THE RISER

Vorwort des Verfassers

Ich habe dieses Buch geschrieben, um noch einmal ein bisschen was von der Easy-Rider-Romantik einzufangen und um es einem illustrem Kreis zugängig zu machen.

(Ja, Ja, ist schon gut, eine Wette wollte ich auch gewinnen.)

In diesem Machwerk geht es um Liebe, Freundschaft, Action und Abenteuer, welche man wohl nur in der Jugend erlebt.

Doch eines Tages sind wir nicht mehr so jung wie heute, da kommt uns die freie Fahrt auf der Landstraße weniger wichtig vor als die Jagd nach dem Gehaltsstreifen. Vielleicht wollen wir dann lieber Kapital anlegen, als uns mit jemandem anzulegen, und seien wir ehrlich, wer weiß, ob unsere Nieren die Schlaglöcher in 30 Jahren noch ertragen können. Also, um auf den Punkt zu kommen:

Es war einmal eine Kleinstadt namens „Hirschburg„. (Hirschburg ist ein Pseudonym für eine Stadt in Niedersachsen die so ähnlich heißt, aber das Pseudonym benutze ich, um niemandem auf die Füße zu treten.)

Hirschburg ist eine ganz normale Stadt, wie es sie zu hunderten in unserem Lande gibt. Hirschburg hat rund 3000 Einwohner und liegt im Herzen des sogenannten Plattlandes im Norden Deutschlands. Die Hirschburger lieben ihr Schützenfest, den Frühlingsmarkt, die eigene Scholle und den Samstagnachmittag, wo viele Hirschburger ihren fahrbaren Untersatz waschen oder in der Waschanlage waschen lassen.

Hirschburg lebt großenteils von der Landwirtschaft, an den Hauptverkehrsstraßen liegt ein Bauernhof am nächsten, das macht den Charme von Hirschburg aus, und drei größeren Firmen, wo sich viele Hirschburger als Arbeitskräfte verdingen, es ist im Zentrum von Hirschburg eine Milchfabrik und am nördlichen Ortsausgang ein Betonsteinwerk und nebenan ein Werk für Gummiformteile für die Autoindustrie aus Niedersachsen. Das aufregendste in Hirschburg ist auf dem höchsten Punkt, etwas außerhalb der Stadt, eine Raketenstation, die von langhaarigen holländischen Soldaten betrieben wird, es stehen Hawk-Flugabwehrraketen in riesigen natogrünen wie Schokoküsse aussehenden Hangars, vier über den Berg verteilt und zwei sich immerwährend drehende Radaranlagen, die wohl eher den Dunst von selbstgedrehten Joints verwirbeln, als nach einem Feind zu suchen.

Man sieht Sie eigentlich nur mit dem LKW oder Geländewagen durch die Stadt fahren, sonst gibt es eher wenig Kontakt zwischen den Holländern und den Einheimischen, aber wenn sie sich treffen, umweht manchen Holländer ein süßlicher Geruch, was sicher nicht After Shave ist. Hirschburg ist ein ländliches und auch entspanntes Städtchen, das der Jugend aber sicher viel zu entspannt ist.

Aber die meisten Hirschburger pendeln zu ihren Arbeitsstätten in der näheren und weiteren Umgebung. Darum ist es immer wichtig, auch für die Jugend, mobil zu sein, Mobilität ist alles, egal, wie.

Aber es gibt vielleicht doch etwas in dieser Stadt, was sie von anderen Städten unterscheidet. Es sind ihre Jugendlichen, diese sind in zwei Clubs geteilt: In Hirschburger, die sogenannten Normalos und die Hirschburger Ghosthunter.

Um die Mentalität der in Hirschburg lebenden Bürger zu erklären, zitiere ich ein bekanntes Sprichwort, welches da lautet: Zuerst erschuf Gott Hirschburg und die Hirschburger, dann die Ostfriesen und dann den Rest der Welt.

In Hirschburg wird von vielen Älteren noch Plattdeutsch gesprochen, was die junge Generation kaum noch versteht.

Freizeitmöglichkeiten für die Jugend gibt es eigentlich kaum, sodass die Jugend auf Tankstellen herumhängt, in Scheunen die Treffen abhält und mit ihren Autos und Motorrädern durch die Gegend flitzt.

Die Ghosthunter und die Hirschburger gingen sich lange aus dem Weg, bis dann eines Tages plötzlich Leben in das erkaltete Verhältnis zwischen den beiden Gruppen kam.

Davon handelt die nachfolgende Story.

Sorry für alle Rechtschreibfehler, Ich habe es als Legastheniker leider nicht besser gelernt, ab der fünften Klasse hatte ich gar kein Deutsch mehr, leider. Die Lehrerin, die das verbrochen hat, war ein 68er-Gewächs und mir wohl nicht zugetan.

Ich hab gelesen, während meine Mitschüler Aufsätze und Diktate geschrieben haben, eigenartige Welt.

Viel Vergnügen beim Lesen, euer CD „Benny“ Riser.

Kapitel 1: Ein schicksalhafter Tag

Wir hatten einen heißen Samstagnachmittag Anfang Juni 1986 und die beiden Hirschburger Ralf und Relax waren mit dem schwarzen Renault R4 von Relax im Auftrage der Hirschburger unterwegs, um für die geplante Standfete am Steinhuder Meer einzukaufen.

Die Fete sollte am kommenden Abend steigen.

Ralf, der auf der Beifahrerseite saß, war 24 Jahre alt und hatte gerade seine neue Arbeitsstelle in der Verwaltung bei der Gemeinde angetreten, wo er den Posten eines Verwaltungsangestellten bekleidete. Er war 185 cm groß, 80 kg schwer, hatte dunkelbraunes Haar, das New-Wave-mäßig frisiert war, mit grauen Augen, die zu seinen dunklen Haaren einen deutlichen Kontrast bildeten.

Und während die beiden nun über die Hauptstraße fuhren, machte sich Ralf so seine Gedanken über das, was in Hirschburg so lief, denn in Hirschburg war ein Bauboom ausgebrochen, und das gefiel ihm gar nicht. Sein schönes idyllisches Hirschburg wurde zersiedelt und in eine Schlafstadt von Hannover umgewandelt.

Relax, der Fahrer, dagegen war 21 Jahre alt und gelernter Autolackierer, 175cm groß mit langen, zotteligen blonden Haaren und stahlblauen Augen und einer eher klapprigen Figur. Eine weitere Besonderheit bei Relax waren zwei Tattoos auf seinen Armen, es waren ungefähr handgroße Tätowierungen, die junge Frauen darstellen. Relax sagte immer, wenn man ihn auf seine Tätowierungen anspricht: „Einen Harley-Adler trägt fast jeder, aber junge Frauen doch keiner, oder?“

Ein mehr oder weniger gutes Beispiel seiner Lackierkunst fuhren die beiden gerade, denn der Renault war in seinem früheren Leben einmal grasgrün, welches jetzt noch in den Türholmen hervorlugt.

Also wurde der Wagen einfach schwarz umlackiert und mit

silbernen Streifen abgesetzt und dann wurden hinten noch die Scheiben mit schwarzen Folien abgedunkelt, daher der etwas makabere Spitzname „Leichenwagen„.

Die beiden wurden von dem Rest der Hirschburger schlicht und einfach „DIE ZWEI“ genannt, denn wo Relax war, da war bis heute meistens auch Ralf, und umgekehrt.

Als sie nun zusammen im Leichenwagen von Relax saßen, die Hauptstraße in Hirschburg entlang fuhren und Eye in the Sky von Alan Parsons Project hörten, sagte Relax zu Ralf: „Das wird heute wieder prächtig.“ Und er deutete dabei durch die Windschutzscheibe in Richtung Himmel, der sich heute in einem wolkenlosen Blau präsentierte.

Darauf erwiderte Ralf nur: „Ich glaube, du hast recht.“

Und sie lauschten weiter der Musik.

Da fragte Ralf Relax plötzlich: „Sag mal, Relax, wie sieht es eigentlich aus, endlich mal meine neu erstandenen Spoiler für den Scirocco zu lackieren? Das Zeug liegt bei mir in der Garage und schimmelt vor sich hin.“

Doch ehe Relax antworten konnte, trat dieser auf die Bremse, zog den Leichenwagen in eine Parkbucht und blieb stehen.

Ralf flog fast in die Scheibe und jede Menge leerer Zigaretten-Schachteln und Musikkassetten flogen durch den Wagen. Darum pfiff Ralf seinen Fahrer Relax tüchtig zusammen: „Mann, was soll denn der Mist?“

Da blieb Relax nun auf Höhe der Post stehen und zeigte Richtung Briefkasten, wo eine heiße Tussi gerade verzweifelt versuchte einen großen Briefumschlag in den viel zu kleinen Schlitz zu stopfen.

Da grummelte Ralf anerkennend: „Ja, Relax, du hast recht, der Anblick ist aus jeder Position ansehnlich.“

Und beide nahmen sich etwas Zeit, sich dieses heiße Teil einmal näher anzuschauen. Die Kleine hatte mittellange schwarze Haare und ein rotes Minikleid mit schwarzen Pumps an.

Da sagte Relax trocken: „Wenn die am Altenheim vorbeigeht

dann beschleunigen da die Herzschrittmacher.“ Er nestelte sich eine Zigarette aus der Packung, steckte sie in seinen Mund und zündete sie an. „Was für ein Feger“, murmelte er sich in seinen nicht vorhandenen Bart.

Da grinsten sich die beiden eins und die Madame hatte es nun endlich geschafft, den Brief im Briefkasten zu versenken und sie strebte nun Richtung eines 2 CV, einer Charleston-Ente, im Umgangsdeutsch einfach nur Ente genannt, setzte sich in die selbige und verschwand mit der lila-schwarzen Verkehrsbehinderung im Straßenverkehr, wo Sie ganz übermütig einem Milchlaster die Vorfahrt nahm, der hupend in die Eisen stieg. Ralf grinste sich eins und drehte am Radio, wo sich Dr. Hook über „Sexy Eyes“ ausließ, und er meinte zu Relax: „Na komm, Junge, und nach diesem Augenschmaus gib Gas und lass es knacken, wir haben noch etwas anderes zu tun.“

Also rührte Relax wieder mit der Krückstockschaltung im Getriebe des „Leichenwagens“ herum, gab Gas und im Radio dudelten die Eagles vom Hotel California und so schrottelten die beide weiter durch ihre Hometown.

Als beide nun hinter einem Trecker mit Anhänger festhingen, fing Relax an zu fluchen: „So ein Mist, da vorn auf dem Bock sitzt der alte Meyer, der ist doch scheintot, da bleibe ich lieber hinter und warte, bis der sich irgendwo vom Acker macht. Und um noch mal auf eben zu sprechen zu kommen, bringe mir am besten am Mittwochnachmittag die Spoiler in die Firma, da ist der Chef nicht da. Da ziehe ich dann schnell mit Farbe drüber und pack die Dinger gleich in die Trockenkammer und du kannst sie abends wieder abholen.“

„Ist klar Alter“, antwortete Ralf „Ich danke dir, dass du mir diesen Gefallen tust.“

Und aus dem Radio dudelte ihnen Hot Chocolates „No doubt about it“ um die Hörmuscheln.

*

In der Zwischenzeit waren sie beim Groma-Supermarkt angekommen und Relax suchte verzweifelt nach einem Parkplatz und brummte sich in seinen nicht vorhandenen Bart: „Die parken doch wie die Wilden, die sollten doch erst noch mal das Parken lernen, denn einige Autos brauchen zwei Parkplätze, so schluderig sind die Fahrzeuge abgestellt.“ Und da hörte bei Relax der Spaß auf.

In diesem Moment verließ ein außergewöhnlich schönes Mädchen den Supermarkt. Sie war hoch gewachsen, fast 180 cm groß, hatte kastanienbraunes Haar, das sie sehr lang trug und das in weich fallenden Wellen ihre Schultern umschmeichelte. Es umrahmte ihr ebenmäßiges Gesicht mit der kleinen Nase und den grünen Augen.

Doch im Moment sah ihr Gesicht in Folge des Einkaufes eher müde und gestresst aus. Es war Nadine, die im Weiteren noch eine größere Rolle spielen sollte. Sie war 21 Jahre alt und als Arzthelferin bei einem Allgemeinmediziner am Ort beschäftigt. So mancher Patient kam nur zum Arzt, um Sie zu sehen, was ja auch sicherlich verständlich war.

In dem Moment, wo sie den Kofferraum ihres Wagens aufschloss, fuhr auf den Nachbarparkplatz ein schwarzer Renault, welchem sie aber keine weitere Beachtung schenkte, denn sie hatte sehr große Probleme, die schweren Getränkekisten in ihrem Kofferraum zu verstauen.

*

Nach langem Suchen hatten die beiden Hirschburger dann doch einen Parkplatz gefunden und Relax faltete den kleinen Renault locker in die Parkbucht.

Als sie den Wagen verließen, sah Relax zu dem Nachbarauto herüber, einem roten Opel Corsa, wo ein gutaussehendes Mädchen gerade versuchte, ein paar Getränkekisten in ihrem Kofferraum zu verstauen.

Als er den mit Getränken gefüllten Einkaufswagen sah, ließ sich Relax zu dem Spruch hinreißen: „Hoffentlich hat die uns noch was Trinkbares übrig gelassen.“

Darauf erwiderte Ralf, als er sah, dass das Mädchen sehr große Schwierigkeiten mit dem Verstauen der Kisten hatte: „Geh schon mal vor, Ich helfe dem Mädchen eben beim Einpacken der Getränke.“ Und er schob Relax locker Richtung Eingang.

Darauf sagte Relax schmunzelnd: „Dann hebe dir aber keinen Bruch.“ Dann verließ Relax seinen Co und ging in Richtung Eingang.

Ralf blieb unterdessen hinter dem roten Corsa stehen und fragte dann das Mädchen: „Kann ich dir vielleicht helfen?“

Nadine fuhr erschrocken herum und schaute Ralf aus großen Augen an. Als sie sich von dem Schrecken erholt hatte, sagte sie zu Ralf: „Es wäre nett, wenn du mir mit den Getränkekisten helfen könntest, denn ich schaffe es nicht allein.“

Darauf sagte Ralf nur: „Kein Problem, Es ist mir ein Vergnügen dir zu helfen.“

Dann verstaute er die Kisten fachmännisch im Kofferraum von Nadines Corsa. Nachdem dies geschehen war, stieß Relax wieder fluchend zu ihnen und raunzte Ralf an: „Komm in Schweiß, Alter, wir haben noch andere Sachen zu erledigen, als hier Pfadfinder zu spielen. Mich schickst du vor zum Einkaufen und du hast den Einkaufszettel, wirklich intelligent gemacht.“

Ralf klopfte Relax locker auf die Schulter und sagte: „Nur mit der Ruhe, immer Relax bleiben wir haben doch noch viel Zeit.“ Und Nadine fragte er: „Sag mal, Mädchen, was machst du eigentlich mit dem Alk, Bier und Knabberkram? Vielleicht ne Fete oder so was?“

„Ja“, sagte Nadine, „wir, die Ghosthunter, machen heute eine Fete am Steinhuder Meer und mich haben die Ghosthunter ausgewählt, die Getränke zu kaufen.“

Da ging in Ralfs Gesicht die Sonne auf und er sagte: „Das trifft sich ja gut, denn wir sind heute Abend auch am Steinhuder Meer, vielleicht sehen wir uns ja."

Nadine schaute unterdessen auf ihre Uhr und sagte zu Ralf: „Ich danke dir noch einmal ganz herzlich, dass du mir geholfen hast, aber jetzt muss ich mich leider verabschieden. Ciao, macht es gut."

Dann stieg Nadine in ihren Wagen und fuhr ab, Ralf rief ihr noch ein „See you!" hinterher.

Dann bewegten sich die Hirschburger in den Supermarkt, was Nadine im Rückspiegel sah, und sie dachte bei sich:„Das sind ja ganz nette Typen, da sollten sich die Ghosthunter mal ein Beispiel nehmen, die wissen wenigstens, was sich gehört. Hoffentlich sehen wir uns heute Abend wieder." Und sie schaute noch, bis Ralf im Supermarkt verschwunden war.

Dann machte sie die Musik im Radio lauter, wo gerade „The Power of Love" von Jennifer Rush lief, und kurbelte die Seitenscheibe herunter, denn die Sonne heizte den Wagen doch schon ganz schön auf.

Dann beschloss sie, Richtung Hauptquartier der Ghosthunter zu fahren, wo die Ghosthunter wohl schon auf sie warten würden.

*

Nachdem die Hirschburger den Supermarkt betreten hatten und sich Ralf einen Einkaufswagen geschnappt hatte, sagte Relax ganz nebenbei: „Du kannst es wohl auch nicht lassen."

„Was kann ich nicht lassen?", erwiderte Ralf ahnungslos.

„Die Tussi ist verbotenes Territorium", sagte Relax. „Sie ist die Keule von Werner, dem Obermacker der Hirschburger Ghosthunter."

Da antwortete Ralf, der Getränke in den Einkaufswagen stapelte, Relax locker: „Ich habe doch gar nichts gemacht, ich habe ihr nur geholfen, die Kisten in ihren Wagen zu heben, das ist alles."

Und er grinste dabei, was Relax mit einem Kopfschütteln registrierte.

Also strebten die beiden nun Richtung Knabberkram und diesmal war Relax dran, den Einkaufswagen zu füllen.

Während die zwei nun endlich Richtung Kasse gingen und Ralf den schwer gefüllten Einkaufswagen vor sich herschob, konnte es sich Relax nicht verkneifen zu sagen: „So fängt es meistens an."

Ralf drehte sich fragend um und fragte: „So fängt was an?"

Relax druckste rum und sagte: „Du weißt doch, was ich meine."

Worauf er von Ralf einen ans Schienenbein bekam, dass er laut aufschrieh und schimpfte: „Au, Mensch, bist du wahnsinnig, das tut doch weh." Und er rieb sich das schmerzende Bein.

Und während nun Ralf die Waren auf das Laufband an der Kasse legte sagte er zu Relax: „Na, jetzt hast du endlich mal ein richtiges Gefühl."

Und Relax der sich weiterhin sein Schienenbein rieb, knirschte zwischen seinen Zähnen ein „Es ist nur so schön wenn das Gefühl nach lässt" heraus und packte noch ein Dutzend Schachteln Zigaretten von Roth Händle, Camel mit und ohne Filter, Marlboro mit und zwei Päckchen Drumfeinschnitt mit Blättchen aufs Band und er meinte dazu zu Ralf: „Der Schornstein muss Rauchen, aber tüchtig. Außerdem müssen wir den Zigarettenvorrat in der Powerstation auffüllen."

Dann verließen beide, nachdem Ralf an der Kasse eine Menge Kohle abgedrückt hatte, den Supermarkt, wobei jetzt Relax den Einkaufswagen vor sich herschob, um sich aufzustützen, wie er sagte.

Als beide bei ihrem Leichenwagen ankamen wurden die Getränke und Utensilien eingeladen und Ralf brachte den Einkaufswagen zurück und Relax zündete sich erst mal eine Fluppe an und zog den Qualm tief ein.

Dann stiegen beide ein, rissen alle Fenster auf und fuhren dann

Richtung Powerstation, ihrem Hauptquartier. Aus den Lautsprechern der Stereoanlage meinte das Alan Parsons Project: „Don`t Answer me.“

*

Inzwischen war Nadine beim Hauptquartier der Hirschburger Ghosthunter angekommen. Die Ghosthunter saßen und standen auf und bei ihren Motorrädern und sprangen in dem Moment auf, als Nadine auf den Parkplatz der Imbissbude fuhr, wo der Wirt immer sagte: „Solange das hier euer Hauptquartier ist, kloppt ihr das Ding schon nicht zu Klump.“

Und bis jetzt hatte er Recht behalten, was ein paar andere Imbissbudenbesitzer nicht sagen konnten.

Als Werner seine Freundin Nadine sah, rief er: „Mensch, Baby, du hast aber wieder recht lange gebraucht.“

Da brauste Nadine auf: „Ich bin nicht dein Baby, ist dir das inzwischen denn immer noch nicht klar geworden?“ Und sie knallte wütend die Autotür zu.

Als Nadine das sagte, kam Werner schon langsam auf sie zu. Ein Berg von Mann, 25 Jahre alt, 198cm groß, und locker 100 kg schwer, einen sehr kurzen Igelhaarschnitt und tiefbraune Augen. Er hatte einen Oberlippenbart und ein fürchterlich breites Kreuz, hinter dem könnte sich Nadine glatt verstecken. Werner war halt jemand, vor dem man Respekt haben sollte und den man sich nicht unbedingt zum Feind machen durfte, das wurde sonst übel. Werner hatte sich bei den Ghosthuntern als Präsi etabliert und er drückte seine Linie mit aller Härte durch, was schon einige Ghosthunter schmerzhaft zu spüren bekommen hatten. Seine Ausbildung bei der Bundeswehr war da nicht gerade hinderlich. Er war Unteroffizier in der Clausewitz-Kaserne in Nienburg. Und wie er immer sagte, er liebt es, Untergebene zu schikanieren, was man ohne weiteres glaubte, wenn man Werner so sah.

Er war der geborene Schleifer, unbarmherzig, skrupellos und steinhart.

Als Werner nun bei Nadine stand, sagte er zu ihr: „Stell dich nicht so an und setze dich endlich auf meinen Sozius, damit wir los können.“ Und das in einem Ton, der auch auf einen Kasernenhof passen könnte.

„Ich will aber nicht bei dir hinten drauf, du rast mir einfach zu sehr, ich fahre lieber mit dem Auto„, sagte Nadine und fing sich einen bitterbösen Blick von Werner ein. Im selben Moment packte sie Werner am Arm und sagte: „Du setzt dich jetzt hinten auf den Sozius und bist ruhig.“ Und Wolle rief er zu: „Du lässt deine Kiste stehen und fährst den Wagen mit dem Alk hinter uns her, ist das klar?“

Darauf blieb für Wolle, einem finster dreinblickendem schwarzhaarigem Wuschelkopf mit grauen Augen, nichts anderes übrig, als zu sagen: „Alles klar, Boss, das geht klar.“

Dann machte sich Wolle auf den Weg, um sich in Nadines Corsa zu zwängen, denn das muss er wirklich, denn Wolle war bei einer Größe von 168 cm einige Kilo zu schwer, er wog locker über 90 kg und das war ein bisschen sehr viel.

Und das passte dann auch Nadine nicht, die Werner anfauchte: „Was fällt dir ein, diesen dicken Klops in mein Auto zu lassen? Der sitzt mir doch nur die Sitze durch, das kommt nicht in Frage.“

Doch Werner blieb hart und zog Nadine unter ihrem lautstarkem Protest auf sein Motorrad, setzte ihr einen Helm auf, startete die Maschine und gab dann das Zeichen zum Aufbruch, und dann ging es im Gänsemarsch ans Steinhuder Meer mit Wolle im Corsa am Ende und einer vor Wut kochenden Nadine auf dem Sozius auf der ersten Maschine.

*

Während sich Ralf und Relax noch mit dem Einkaufen abmühen, hatten sich bei der Powerstation schon einige Hirschburger eingefunden.

Die Powerstation lag an der Ausfallstraße nach Mardorf und war eigentlich die Reparaturhalle von Mikes Vater, doch der brauchte die Halle nicht so oft, sodass er nichts dagegen hatte, wenn sich die Hirschburger dort trafen. Die ließen sich das natürlich nicht zweimal sagen, denn die Halle war mit einer Grube und einer Hebebühne ausgestattet, welche sie für Reparaturen an ihren Autos gut gebrauchen konnten. Außerdem war in der Halle eine kleine Küche mit Spüle, Essecke, Kühlschrank und Schrank mit Geschirr eingerichtet. Jeder brachte mal was zu essen und zu trinken und auch rauchen mit, sodass die Powerstationbesatzung immer was zu essen, trinken und auch rauchen in der Powerstation hatte.

Auch an keine kleine Toilette war bei Planung der Halle gedacht worden, alles war recht komfortabel ausgestattet. Eine andere Ecke war mit TV, Video und Stereoanlage ausgestattet. Auch eine ansehnliche Videokassettensammlung war dort deponiert. Meistens Krimis (Die Zwei, Die Profis, Die Füchse, Mit Schirm, Charme und Melone und diverse Tatort-Krimis mit Schimanski). Auch gab es dort Dallas, die Seifenoper von der Southfork Ranch, und viele Spielfilme aus England, Frankreich und Amerika, eine erlesene Sammlung, wie es der Bruchpilot einmal formulierte. Davor waren Sofas, Sessel und ein Tisch aufgestellt, welche sie alle vom Sperrmüll abgeschleppt hatten.

Also, eigentlich war die Powerstation eine sehr wohnliche Bude und die Hirschburger waren sehr glücklich dass sie hier Residieren durften.

*

Vor der Powerstation hatten sich Petmet, Mike, Linus, Dany und der Bruchpilot eingefunden.

Petmet und der Bruchpilot bastelten am Alfa Romeo vom Bruchpiloten rum, einer viertürigen Limousine mit viel PS und noch mehr Problemen, also einer italienischen Diva wie aus dem Bilderbuch, der auf dem Vorplatz der Powerstation stand.

Petmet lag im Motorraum des Alfa und schüttelte immer wieder mit dem Kopf und dem Bruchpilot schwante Böses.

Linus, Dany und Mike unterhielten sich über ihren gestrigen Kinobesuch und hörten dabei gerade „Some like it hot“ von The Powerstation.

Petmet war der Schmiermaxe von den Hirschburgern, er war von stämmiger Statur, ca. 180 cm groß, 85 kg schwer. Er hatte braune Haare und braune Augen und fast immer schmutzige Hände denn er baute fast alles auseinander und meistens auch wieder zusammen. Er war 19 Jahre alt und stand kurz vor der Abschlussprüfung zum Werkzeugmacher.

Er hatte sich vor kurzem erst einen Renault 12 TS Break gekauft, um transportmäßig immer gut gerüstet zu sein, ein Rentnerauto in Bronzefarbe, bieder, aber top gepflegt.

Petmet tauchte dann mal wieder aus dem Motorraum des Alfa auf und rief dem Bruchpiloten zu, der neben der Fahrertür stand: „So, jetzt versuche mal, den Motor zu starten.“

Und das ließ sich der Bruchpilot nicht zweimal sagen, also schwang er sich auf den Fahrersitz, kitzelte den Alfa mit dem Zündschlüssel und schon lief er.

Der Bruchpilot war 22 Jahre alt, gut 180 cm groß und 70 kg schwer, also, wie man so schön sagt, ein schmales Hemd. Sein braunes Haar trug er meistens mittellang und seine grauen Augen blickten meistens durch eine Brille in die Welt. Der Bruchpilot arbeitete in Hirschburg bei der großen Frischli Molkerei als Anlagenfahrer.

Als der Bruchpilot nun ausstieg, fragte er Petmet: „Woran hat es denn gelegen? Jetzt läuft er ja wieder richtig.“

Darauf antwortete Petmet mit der Gegenfrage, als der Bruchpilot nun Neben ihm stand: „Was hast du denn heute Morgen wieder mit dem Wagen gemacht?“ Und er tippte dem Bruchpiloten auf die schmale Brust. Da bekam der Bruchpilot ein recht schlechtes Gewissen und scharrte mit den Stiefelspitzen auf den Pflastersteinen herum.

„Tja“, sagte er, „ich habe heute Morgen auf der Umgehungsstraße einen von diesen schäbigen Golf GTI abgehängt, der hat sich mit mir messen wollen, doch ich habe dieser schlappen Kiste meinen Auspuff gezeigt.“

Darauf schüttelte Petmet nur mit dem Kopf und sagte: „Du hast den Alu-Motor überhitzt, da du deinen Thermostat schon vor einiger Zeit durchgehauen hast. Also sieh zu, dass du dir so schnell wie möglich einen neuen Thermostat besorgst, sonst haust du den Alfa noch völlig zu Klump. Ich sage dir doch immer wieder, du hättest den Alfa nicht von diesem Ghosthunter kaufen sollen, der wusste schon, warum er diese italienische Schleuder verkauft hat.“

„Ja, du hast ja Recht mit dem Thermostat“, sagte der Bruchpilot reumütig zu Petmet. „Das kannst du so nicht sehen, der Riser hat mir schon gesagt, was an dem Wagen nicht koscher war, aber ich wollte den Karren ja unbedingt haben. Hat doch schließlich jede Menge PS und ne tolle braune Innenausstattung aus leder.“ Und er meinte weiter: „Ich wollte nächste Woche sowieso auf den Schrottplatz, da steht so ein Alfa wie meiner, den hat der Rost im Zeitraffer dahin gerafft, den nutze ich schon länger als Teilespender. Da wollte Ich mir gleich mal ein paar Ersatzteile holen. Sag mal, Petmet, Ich brauche auch noch Bremsbeläge, wo hole ich mir die denn am besten?“

Da überlegte Petmet einen Moment und sprach: „Tja, Ich würde mir die Dinger am besten bei Autobedarf Hoffmann holen, berufe dich am besten auf mich, dann kriegst du auch noch ein paar Prozente.“

In diesem Moment griff Dany in das Gespräch ein und rief von Linus Toyota Celica herüber: „Ist eine gute Idee mit dem Schrottplatz, bloß Ersatzteile solltest du dir nicht holen. Das

Beste ist, du lässt das Auto da gleich stehen, das spart dir Arbeit, Zeit und viel, viel Geld und vor allem ist das gesunder für dich, ehe du bei diesem Wagen deinem Spitznamen als Bruchpilot gerecht wirst."

Als der Bruchpilot das hörte schluckte er erst mal, doch dann fasste er sich und rief zurück: „Lästere du nur, mit deinem Gewäsch kannst du mich nicht belasten. Jedem das seine und mir das meiste."

Und als Dany das hörte, drehten sie sich schmunzelnd um. Dany, die eigentlich Daniela hieß, war 170 cm groß, ca. 62 kg schwer und trotz ihrer 20 Jahre mit einer sehr knabenhaften Figur ausgestattet, was sie durch die falsche Kleidungsauswahl jedem vor die Birne knallte. Jetzt gerade trug sie Röhrenjeans und ein enges Top, was, wenn man ehrlich war, wirklich nur Linus schön finden konnte. Sie trug zur Zeit eine Kurzhaarfrisur und ihre blonden Haare waren rot gefärbt, sie wechselte öfter mal die Farbe. Die rote Haarfarbe passte gut zu ihren grünen Augen, dachte sie wohl.

Und genau in diesem Moment rauschte ein stratosilberner Ford Capri III 3000 S von der Hauptstraße auf den Hof. Aus diesem stiegen dann, als der Wagen zum Stillstand gekommen war, die letzten beiden Hirschburger aus.

Der eine war Bodie, ein schwarzhaariger Tausendsassa, mit einer Größe von fast 190 cm und einem Gewicht von 80kg. Er betrieb Bodybuilding und boxte sehr gerne und er bedeckte seine grauen Augen meist mit farbigen, sprich, braunen Kontaktlinsen.

Sein Beifahrer und Spezi war Doyle, ein dunkelbraunhaargier Wuschelkopf mit Dauerwelle. Er war ein paar Zentimeter kleiner als Bodie und auch bei dem Gewicht taten sie sich nicht viel. Auch die Hobbys waren die gleichen, nur die Augenfarbe fiel mit blau-grau etwas aus dem Rahmen.

Bodie und Doyle waren Brüder im geistigen und biologischem Sinne und kamen aus dem Nachbarort, wo ihr Erzeuger als Ingenieur selbstständig seine Kohle verdiente. Beide studierten an der Universität in Hannover, der eine Ing. Bau im Hochbau, der andere Ing. Bau Statik.

Beide Doyle und Bodie liebten die englische Krimiserie „Die Profis„. In dieser gab es die originalen Doyle und Bodie und diesen beiden versuchten die beiden nachzueifern.

Sie versuchten sogar, die gleichen Autos zu fahren wie ihre Vorbilder, drum fuhrt Bodie einen Stratosilbernen Capri und Doyle einen Weiß-schwarzen Escort 2000 RS, doch er suchte schon eine ganze Weile einen champagnergoldenen Capri, wie ihn sein Filmzwilling in den neuesten Folgen fuhr.

Es war dann erst mal ein großes Hallo angesagt und es wurden die neuesten Sprüche ausgetauscht.

Doyle fragte den Bruchpiloten, ob er ihm die neueste Gebrauchtwagenzeitung mitgebracht hatte, was dieser bestätigte. Er ging mit Doyle zu seinem Alfa, einem Alfa Romeo Alfetta 2000 in Blau mit 2,0 Liter Maschine und 130 PS, um ihm das Gewünschte aus dem Auto zu holen.

Doyle fragte gleich, als er die Zeitung in Empfang nahm: „Hast du einmal reingeschaut, ob ein Capri für mich drinsteht?"

Darauf schüttelte der Bruchpilot mit dem Kopf und sagte: „Tut mir leid, aber die Zeit habe ich noch nicht gefunden, schau mal selber rein."

Und Bodie fragte die Versammelten: „Sind Ralf und Relax schon weg, die Getränke holen?"

„Klaro", sagte Mike. „Die müssten langsam, aber sicher wieder eintrudeln."

Mike zählte 19 Lenze, war 180 cm groß, 70 kg schwer und bis auf seine langen rotblonden Haaren mit blauen Augen war an ihm nichts besonderes, wenn man davon absieht, dass er immer sagte, „no sports", und rauchte wie ein Schlot.

Linus, der Freund von Dany, rief plötzlich aus: „Da hinten kommt der Leichenwagen." Und er deutete in Richtung der Hauptstraße, die an der Powerstation vorbeiführte.

Und es dauerte dann nicht mehr lange, dass die beiden Getränkespediteure auf den Hof der Powerstation gefahren kamen. Der Motor war noch nicht ganz abgestellt, da riss Linus auch schon den Kofferraum auf und untersuchte die Einkäufe.

Als Bodie das sah, rief er Linus zu: „Haben die beiden denn auch an Berry-Long gedacht?“

Berry-Long war ein Beerenwein, den die Powerstation Besatzung oft und gerne trank.

„Aber Klaro“, sagte Linus, griff nach einer Flasche Berry-Long und warf sie Bodie zu, die dieser nicht fangen konnte, denn Doyle fing die Flasche in der Luft ab, drehte den Verschluss auf und dann wanderte die Flasche erst mal im Kreis und jeder nahm einen Hieb. Dann schlug Linus die Heckklappe des R 4 so kräftig zu, dass unten der Rost rieselte.

Linus war 182 cm groß, 74 kg schwer und hatte lockige dunkelblonde Haare mit grauen Augen. Er war das, was man eine unauffällige Erscheinung nennt. Vor knapp drei Wochen hatten die Hirschburger seinen 22. Geburtstag gefeiert und auch er frönte dem Laster des Rauchens. Er war Briefträger bei der Post, zwar kein super Job, aber sicher.

Auf dieser Geburtstagsfete ging die Single „Mr. Roboto“ von Styx zu Bruch und der Bruchpilot war der Übeltäter, darum rief Linus plötzlich: „Hey, Bruchpilot, ich bekomme noch Mr. Roboto von dir, denkst du daran?“

„Ja“, knirschte der Bruchpilot zwischen den Zähnen hervor, „ich weiß.“

Nachdem nun die Getränke kontrolliert und die Neuankömmlinge mit Shaking Hands begrüßt worden waren, erkundigte sich Linus nach dem Grund der Verspätung.

„Es war halt viel Betrieb im Supermarkt. Die kaufen ein, als würde morgen ein Atomkrieg ausbrechen. Aber echt, man hat das Gefühl, die Russen kommen“, erwiderte Ralf darauf. „Das ging einfach nicht schneller.“

Daraufhin kam Relax darauf zu sprechen, dass sie die Tussi von Werner, dem Ghosthunter, getroffen hatten und dass sie dabei erfahren hatten, dass auch die Ghosthunter heute Abend am Steinhuder Meer anzutreffen seien.

Als Doyle das hörte, schaute er von seiner Zeitschrift auf, in die er vertieft war, und sagte zu den anderen: „Das kann ja heiter werden. Wenn die wieder zu viel getrunken haben, machen die wieder nichts als Zoff, und wie ich die kenne, fangen die mit Sicherheit wieder Streit an."

Linius beschwichtigte Doyle, indem er sagte: „Immer cool bleiben, wir dürfen uns von denen halt nicht provozieren lassen, solche Typen muss man mit Nichtbeachtung strafen, dann geben sie es von selber auf, Stunk zu machen."

„Und außerdem müssen wir den Ghosthuntern ja nicht vor den Füßen rumlaufen, das Steinhuder Meer ist groß, wäre doch unwahrscheinlich, dass wir uns da treffen würden", warf Dany noch ein.

„Dein Wort in Gottes Gehörgang", sagte Bodie und die Hirschburger wurden langsam ungeduldig, sodass der Bruchpilot sagte: „Los, Leute, lasst uns endlich die Autos besetzen und nach Mardorf fahren, es wird Zeit."

Das war das Startsignal für die Hirschburger. Bodie und Doyle verschwanden im Capri, Linus, Dany und Mike im Toyota, Ralf und Relax im Leichenwagen und der Bruchpilot brauchte mal wieder eine Extrawurst, denn er fuhr alleine im Alfa am Ende des Konvois hinterher.

*

Als sie nun nach kurzer Fahrt an der weißen Düne ankamen, sahen sie schon von weitem die sehr unordentlich abgestellten Motorräder der Ghosthunter, sodass sie große Probleme hatten, ihre Autos gut abzustellen.

Nachdem alle ihre Autos abgestellt hatten gingen sie geschlossen mit ihren Strandutensilien in Richtung Strand.

Als sie am Strand ankamen, sahen sie zu ihrem Entsetzen, dass der einzige noch freie Platz am Strand neben den Ghosthuntern war. Einen Moment waren die Hirschburger unentschlossen, was sie denn nun machen sollten, doch dann übernahm Petmet die Initiative und er sagte: „Kommt, lasst uns auf den Platz neben den Ghosthuntern gehen."

„Du bist dir doch wohl im Klaren, das die nur darauf warten, dass wir uns da hinpflanzen", sagte Mike.

Darauf sagte Doyle sehr ungeduldig: „Palavert hier nicht stundenlang rum, die Getränke werden warm. Oder glaubt ihr, dass uns die Ghosthunter den Kopf runter reißen? Komm, lasst uns gehen, sonst setzt sich noch jemand anderes auf den Platz." Und dann ging er demonstrativ weiter.

Da konnte es sich Dany nicht verkneifen zu sagen: „Das glaubst du doch wohl selber nicht, dass sich da jemand anders als wir hinsetzt, die sind doch schließlich nicht so dämlich wie wir."

Dann folgten sie den anderen, die anfingen sich am Strand häuslich einzurichten. Linus und der Bruchpilot stellten die Getränke ins Meerwasser, damit sie wenigstens ein bisschen kühl blieben.

Mike, Dany und Doyle packten die Picknickkörbe und Kühltaschen aus, während Petmet und Relax die Decke ausbreiteten.

Bodie und Ralf brachten zuguterletzt die Mugge-Maschine zum Laufen. Als nun Opus sein „Life is Life" zum Besten gab, schrie Atze, der Vize der Ghosthunter, auch schon herüber: „Macht hier nicht so einen Lärm, sonst haue ich einem von euch den Grind aus der Halskrause."

Doch als Bodie das hörte, sprang er empört auf und rief zu den Ghosthuntern herüber: „Komm doch her, du Arschkeks, dann kloppe ich dir ein paar auf die Knabberleiste, dass deine Zähne bataillionsweise zum Arsch rauswandern." Und er schwang dabei seine durch das Bodybuilding gestärkten Arme. Als Atze das hörte, ließ er es dann doch lieber sein herüberzukommen, er blieb auf seinem Hintern sitzen.

Doch dann entdeckte Ralf Nadine und er rief ihr ein freundliches „Hallo“ herüber, welches sie mit einem Lächeln quittierte. In diesem Moment knuffte Werner seiner Freundin in die Seite und fragte: „Was hast du mit dem Typen da hinten zu tun?“ Und er zeigte dabei auf Ralf.

„Der Typ, wie du ihn nennst, war mir heute Morgen behilflich, die scheiß Getränkekisten in das Auto zu laden, sonst nichts“, erwiderte Nadine.

Da wurde Werner nervös und er fragte: „Ist zwischen euch was gewesen?“

Doch auf diese Frage lächelte Nadine nur verträumt und Werner wurde es zu viel und er sprang auf und lief zu den Hirschburgern herüber. Seine Schatten Atze, Ace und Smily folgten ihm auf dem Fuße.

Dann baute er sich vor Ralf auf, zog ihn an seinem Kragen zu sich herauf und schrie: „Du dummes Schwein sollst mein Mädchen in Ruhe lassen, sonst setzt es ein Paar heiße Ohren.“

Ralf schaute Ihm Cool ins Gesicht und sagte: „Nimm deine Fettgriffel weg von mir, sonst bekommst du ein paar aufs Dach, dass es den Rest deines nutzlosen Lebens bei dir reinregnet.“

Dann stieß er Werner von sich und setzte sich wieder, ohne Werner eines Blickes zu würdigen. Als es so aussah, dass sich Werner auf Ralf stürzen wollte, stand Doyle auf, klopfte Werner auf die Schulter und sagte ruhig zu ihm: „Ich würde es mir an deiner Stelle überlegen, ob du Ärger haben willst oder nicht.“ Und während er das sagte, blies er seinen breiten Brustkorb auf und als Werner den Bizeps sah, drehte er sich wortlos um, ging und grummelte sich dabei in seinen nicht vorhandenen Bart: „Die Hirschburger kriegen heute noch ein paar auf die Waffel, so wahr ich Werner heiße.“

Als Nadine das hörte, frage sie Werner: „Warum willst du dich eigentlich mit den Hirschburgern prügeln? Sie haben dir doch gar nichts getan, den Streit habt ihr doch vom Zaun gebrochen.“

Doch als Werner sie dann scharf ansah, wusste Nadine, dass es jetzt besser wäre, den Mund zu halten, und Werner sagte gefährlich leise: „Wenn du ein paar auf die Klappe haben willst, dann rede weiter, wenn nicht, dann halte den Mund."

Und damit war eigentlich alles gesagt und die Ghosthunter schütteten innerhalb von kürzester Zeit Unmengen von Alkohol in sich hinein, sodass die meisten von ihnen in kurzer Zeit ziemlich angeschossen waren. Von Stimmung oder so was war bei ihnen nicht viel zu spüren, ganz anders bei den Hirschburgern, bei denen die Post abging.

Es wurde der eine oder andere neidische Blick zu den Hirschburgern herübergeworfen, die eine Super-Strand-Session ablieferten.

Als der Bruchpilot gerade den Song „Legs" von ZZ-Top spielte und die Hirschburger losrockten sprang Werner auf und rief: „Kommt auf Männer, die brauchen eine Abreibung."

Und schon stürzten sich die Ghosthunter auf die Hirschburger. Und Ruck-Zuck war die schönste Keilerei in Gange.

Werner stürzte sich gleich auf Ralf und schenkte ihm gehörig ein. Doch auch Ralf verstand es, gehörig auszuteilen, wobei Werner aber doch mehr Glück hatte und den meisten Angriffen von Ralf Paroli bieten konnte.

Atze wiederum wollte sich mit seinem speziellen Freund Bodie messen, doch das war das Schlechteste, was er machen konnte, denn Bodie, im Faustkampf erfahren, drosch Atze in kürzester Zeit die Nase platt und dieser rannte mit blutender Nase von dannen.

Wolle unterdessen sah sich plötzlich Doyle gegenüber und der machte es Bodie nach und drosch Wolle die Fresse dicke.

Da hatten es die Ghosthunter gemerkt, dass mit den beiden nicht gut Kirschen essen war, sodass sich Smily mit Mike auseinandersetzte. Smily hatte Mike mit einem Tritt von den Beinen geholt und sich dann auf ihn gestürzt. Er schlug auf ihn ein, dass sich Mike wie ein Punchingball vorkam.

Und Relax musste sich mit Ace auseinandersetzen. Ace versuchte sich mit einem Chaku durchzusetzen, doch das einzige, was er dabei erreichte, war, dass er sich das Ding selbst vor die Glocke knallte, sodass Relax den Angriffen nur sehr sporadisch ausweichen musste. Denn wenn jemand mit dem Chaku umgehen konnte, dann war es sicher nicht Ace.

Die Mädchen beider Seiten versuchten die Streithähne auseinander zu bekommen, was ihnen aber nicht gelang.

Als nun auch dies misslang, griffen Petmet und der Bruchpilot zur Notbremse, holten ihre Gasrevolver heraus und griffen ins Geschehen ein. Der Bruchpilot drückte Werner den Revolver ins Gesicht und Petmet machte das gleiche bei Smily. Dann zog der Bruchpilot Werner an seinen Haaren zurück und rief: „Hört auf mit dem Scheiß oder wir verpassen euch ein Brandzeichen."

Und als Werner die Mündung des Gasrevolvers auf seiner Wange spürte, schrie er seinen Leuten zu: „OK, Jungs, es ist genug, lasst die Flaschen in Ruhe."

Dann zogen sich die Ghosthunter zurück. Bodie und Doyle waren richtig enttäuscht, denn sie waren gerade richtig warmgelaufen und Doyle sagte zum Bruchpiloten: „Das war aber nicht nötig, die Typen hätten ich und Bodie doch zu Brei gekloppt."

Die Keilerei hatte eigentlich nur ein paar Minuten gedauert, doch das Ergebnis war fürchterlich.

Auf der Seite der Hirschburger wie auch bei den Ghosthuntern gab es Leute, die mit ihrem jetzigen Zustand wirklich nicht zufrieden sein konnten. Bei den Hirschburgern hatten Ralf und Mike das meiste abbekommen.

Als Dany die beiden sah, fragte sie erschrocken: „Was haben die denn mit euch gemacht? Ihr seht ja aus, als hätte man euch unter einem Zug hervorgeholt, einfach schrecklich."

Und als Linus nun nach diesem Debakel in die Runde schaute, blieb ihm nur noch zu sagen: „Kommt, Leute, lasst uns die Klamotten zusammenpacken, hier läuft sowieso nichts mehr."

Also packten die Hirschburger ihre Sachen zusammen und zogen von Dannen.

Währenddessen versorgten auch die Ghosthunter ihre Wunden und bemühten sich, noch vor den Hirschburgern das Feld zu räumen, was ihnen nicht gelang, und so wurde noch so mancher böse Blick ausgetauscht.

Als nun die Hirschburger am Parkplatz ankamen, wurden die Klamotten in den Autos verstaut und Dany kümmerte sich um die verletzten Kämpfer. Als sie Mikes Nase sah, sagte sie: „Mensch, Mike, ich glaube, die Nase ist gebrochen.“ Dann berührte sie die Nase und fragte: „Tut es weh, wenn ich die Nase hier bewege?“

Daraufhin stieß Mike einen lauten Schmerzensschrei aus und sagte: „Nein, es tut überhaupt nicht weh, es ist nur so schön, wenn der Schmerz nachlässt.“

Daraufhin bot Linus sofort an, Mike ins Krankenhaus zu fahren, was Mike sofort annahm, denn er wollte doch liebend gerne wissen, was mit seiner Nase war. Linus bot auch Ralf an, ihn mit ins Krankenhaus zu nehmen, doch der lehnte ab, denn er meinte, ihm sei doch nicht so viel passiert, aber sie sollten doch mal sehen, was mit Mike war.

Also war das auch erledigt und der Bruchpilot sagte: „Also, Leute, wenn dann soweit alles erledigt ist, würde ich vorschlagen, wenn ihr morgen nichts anderes vorhabt mal in der Powerstation vorbeizuschauen. Ist dann alles klar?“ Als dann keine weitere Wortmeldung kam, sagte der Bruchpilot: „Dann lasst uns abrauschen, bis morgen.“

Dann verteilten sich die Hirschburger auf die Autos und fuhren auseinander.

Nur Dany, Linus und Mike fuhren Richtung Neustadt, um Mike ins Krankenhaus zu bringen, und aus dem Recorder dröhnte „Revanche“ von Peter Maffay.

Als sie nun im Krankenhaus ankamen, stellte Linus den Wagen auf dem Parkplatz ab und sie gingen Richtung Eingang. Als sie an der Anmeldung vorbeikamen, fragte Dany die Nachtschwester: „Entschuldigung, wir haben hier einen Notfall. An wen müssen wir uns wenden?“

Daraufhin schaute die Nachtschwester von ihrem Roman auf und verwies die drei an die Unfallstation den Gang entlang, und dann las Sie weiter.

Als sie in der Unfallstation ankam, begab sich Mike sofort beim Notarzt in Behandlung. Dany und Linus warten unterdessen draußen im Wartezimmer darauf, dass Mike wieder zu ihnen stieß.

Als Mike nach einiger Zeit den Behandlungsraum verließ, strahlte er wieder von einem Ohr zum anderen. Noch ehe ihn die anderen fragten, brabbelte er auch schon los: „Alles in Ordnung, der Doc sagt, es ist nichts gebrochen, der Kerl hat mir ein paar Adern zerschlagen und die heilen nicht besonders gut, drum hat er mir Watte in die Nasenlöcher gesteckt. Er sagte, ich hätte viel Glück gehabt, denn wenn der Ghosthunter mich richtig getroffen hätte. sähe meine Nase nicht so gut aus.“ Er deutete auf die Wattestopfen in seiner Nase. Darauf sagte Linus erleichtert: „Da hast du aber Glück gehabt und nun lasst uns hier verschwinden, denn wenn ich noch länger in diesem ungastlichen Haus bleibe, kriege Ich einen Sentimentalen.“

Dem konnten die beiden zustimmen und Dany sagte auf dem Weg nach draußen: „Dieses Gemäuer kommt mir immer ein bisschen wie eine Leichenhalle vor, so kalt und steril, fast tot.“

Doch welch ein Glück, sie kamen alle wohlbehalten auf dem Parkplatz an, und während Linus die Tür aufschloss fragte er: „Na, Leute, wollen wir noch was trinken fahren, dieser Schreck sollte runtergespült werden.“

Dagegen hatten die beiden nichts einzuwenden, sodass sie noch in einer Kneipe einkehrten und einige Drinks leerten.

Nachdem dann auch dieses getan war, fuhren sie Richtung Hirschburg zurück wo sie spät in der Nacht auseinander gingen.

Kapitel 2: Ein Ende mit Schrecken?

Am nächsten Morgen trafen sich die meisten Hirschburger in der Powerstation und diskutierten die Lage. In dem Moment, als sich Petmet Gehör verschaffen wollte, betrat Mike die Powerstation. Als der Bruchpilot das sah, lief er Mike entgegen, klopfte ihm auf die Schulter und sagte: „Na, altes Haus wie geht's?"

„Die Lage ist bescheiden, aber nicht hoffnungslos", meinte Mike. „Ich werde es wohl überleben."

„Mike wie geht es denn deiner Riechprimel", bohrte der Bruchpilot weiter.

Da schaute sich Mike verwundert um und fragte: „Was hast du eben gefragt? Ich habe dich wohl nicht richtig verstanden."

„Mensch, Mike, der Bruchpilot hat dich doch nur gefragt, wie es deiner Riechprimel geht, ich glaube, gestern hat dein Gehör gelitten", meinte Petmet gelangweilt.

„Ach, dann habe ich mich ja doch nicht verhört, ihr wollt also was über meine Nase wissen, warum sagt ihr das denn nicht gleich? Gebrochen ist die Nase nicht, nur mit der Kopf durch die Wand zu gehen sollte ich in nächster Zeit tunlichst vermeiden."

Als das dann nun endlich geklärt war, ging die Diskussion über den gestrigen Abend weiter. Aber nach einer gewissen Zeit verlief die ganze Sache im Sande und Linus brachte die Sache auf den Punkt: „Wir haben uns eigentlich nichts vorzuwerfen, denn wir haben die Schlägerei ja nicht angefangen, wir sind der Klopperei doch möglichst aus dem Wege gegangen."

Doch dann meldete sich Relax, der sich noch immer nicht so ganz im Klaren war, wie es zum Zusammentreffen zwischen Ralf und Nadine kam, drum fragte er Ralf noch einmal danach.

„Ich habe ihr beim Supermarkt nur ein paar Kisten in den Kofferraum geladen", meinte er. „Relax war dabei, das war alles."

Aber er gab auch kleinlaut zu: „Aber ich muss sagen, dass mir die Kleine sehr gut gefällt."

„Na ,Na, wir wollen hier doch nicht ans Eingemachte gehen",

meinte Petmet, „so genau wollten wir das doch gar nicht wissen. Kommt, lasst uns unser Beisammensein zwecks Mittagessen beenden und uns hier um 14 Uhr wiedertreffen.“

Als dieser Vorschlag die ungeteilte Zustimmung der Hirschburger fand, machten sie sich auf die Socken, um sich das Mittagessen schmecken zu lassen.

*

Am selben Morgen bei Nadine, der Freundin von Werner. Nachdem sich Nadine aus dem Bett gekämpft hatte, ging sie ins Bad, um sich frisch zu machen. Als sie nun in den Spiegel schaute, sah sie dunkle Ränder unter den Augen, was darauf zurückzuführen war, dass sie in der letzten Nacht nicht sehr lange geschlafen hatte, obwohl sie allein im Bett lag. Als sie nun mit der Morgentoilette fertig war, zog sie sich einen Hausanzug an und machte sich an die Arbeit, den Frühstückstisch zu decken.

Nachdem Sie die Kaffeemaschine eingeschaltet hatte stellte sie auch den Kassettenrekorder an und Talk Talk sangen „Such a Shame“ und sie summte leise mit, da ihr das Lied gut gefiel.

Als der Kaffee durchgelaufen war, klingelte es an der Haustür.

Als sie durch den Türspion schaute, sah sie draußen ihre Freundin Marion stehen, welche sie dann rein ließ.

Marion zählte 22 Lenze und war seit vielen Jahren Nadines beste Freundin. Marion fuhr eine Ente, was den Kreis zu dem Mädchen am Anfang der Geschichte bei der Post schließt. Und als Sie nun dastand, musste Nadine neidlos anerkennen, dass Marion wirklich gut aussah in ihrer weißen Leinenhose und dem schwarzen T-Shirt. Da kam ihre Figur so richtig zur Geltung und die war spitze. Marion hatte die Rundungen genau dort, wo die Männer es mochten. Sie trug ihre schwarzen Haare mittellang, was, wie sie meinte, ihre grün-braunen Augen besser zur Geltung brachte.

Als die beiden nun in die Küche gingen, bot Nadine Marion an, ihr beim Frühstück Gesellschaft zu leisten.

Als sie am Frühstückstisch saßen und sich bedient hatten, schaute Marion zu Nadine herüber und sagte zu ihr: „Du siehst schlecht aus, hast du was?“

Da sah Nadine von Ihrem Toast auf und fragte: „Was soll ich denn haben? Ich habe in der letzten Nacht nur sehr schlecht geschlafen, das ist alles.“

„Komm, Mädchen, hör auf. Ich brauche dir nur in die Augen zu schauen, dann weiß ich alles, und dein Kaffee ist auch unter aller Würde, der schmeckt wie Abwaschwasser. Ich kenne dich doch. Wenn dein Kaffee so schlecht ist, dann hast du Kummer, also raus mit der Sprache, was ist los?“

Um vom Thema abzulenken ‚stand Nadine auf, holte Dosenmilch aus dem Kühlschrank und stellte sie vor Marion auf den Tisch. Also goss Marion sich die Milch in den Kaffee und während sie umrührte sagte sie: „Ich glaube nicht, dass die Milch den Negerschweiß noch retten kann, aber sag jetzt endlich, wo dich der Schuh drückt.“

Darauf ergab sich Nadine und sagte zu Marion: „Ich kenne dich und du nervst so lange rum, bis du endlich voll im Bilde bist, also Folgendes: Als wir gestern in Mardorf am Steinhuder Meer waren, kamen die Hirschburger und machten es sich neben uns bequem. Und da ich gestern einen Hirschburger kennengelernt habe, ist Werner so eifersüchtig geworden, das es zu einer wilden Keilerei kam. Der Werner hat sich wirklich unmöglich benommen. Nur weil mir der Hirschburger einmal behilflich war, machte der ein Theater, als ob ich mit dem Hirschburger ins Bett gestiegen bin. Manchmal glaube ich, Werner sieht mich als sein Eigentum an, und ich habe gar nichts zu sagen.“

„Ich habe dir von Anfang an gesagt, dass du und Werner nicht zusammenpasst“, meinte Marion. „Aber du konntest ja nicht hören, aber wenn du jetzt langsam aufwachst, dann gib Werner doch einfach den Laufpass.“

Darauf erwiderte Nadine traurig, während Sie in ihrer Tasse rührte: „Ich habe es schon etliche Male versucht, mit Werner schlusszumachen, doch immer, wenn ich damit anfing, sagte er, mir läuft kein Mädchen weg und dabei bleibt es, und dann scheuert er mir eine. Wenn Werner doch bloß eine Neue finden würde, dann lässt er mich gehen, denn ich habe von ihm ehrlich die Nase voll, bis hier oben hin.“ Und sie deutete dabei mit ihrer Hand über ihren Scheitel.

Im gleichen Moment klingelte das Telefon. Als Nadine das Klingeln hörte, machte Sie das Radio leise, es lief gerade „Livin Think“ von ELO, und hob den Hörer ab. Als sie den Hörer gegen ihr Ohr drückte, scholl ihr die Stimme von Werner entgegen, der sagte: „Moin, Schätzchen, du fehlst mir.“

„Du mir aber nicht“, antwortete Nadine bissig und legte auf.

Als Marion das sah, schaute sie sehr erschrocken aus der Wäsche und meinte: „Nadine, ich glaube nicht, dass das eben sehr intelligent war, was du da gemacht hast.“

„Das war der Anfang vom Ende unserer Beziehung ,wo Werner mich nur als Schmusekissen benutzt hat ohne Zärtlichkeit, nur auf sich fixiert. Jetzt mache ich endgültig Schluss. Der gestrige Abend hat mir die Augen geöffnet. Werner soll bleiben, wo der Pfeffer wächst.“

„Ist ja gut“, meinte Marion beschwichtigend, „wenn du dir da mal bloß nicht zu viel zumutest. Überstürze nichts.“

Da fiel ihr Nadine ins Wort: „Eben sagst du noch, ich sollte mit Werner Schluss machen und wenn ich es tue, meinst du plötzlich, ich sollte es nicht überstürzen. Ich verstehe dich nicht.“

„Ich meinte mit Schluss machen nicht, dass du Werner das so vor den Kopf knallst, der rennt doch Amok“, rechtfertigte sich Marion. Du solltest das ein bisschen vorbereiten, denn wie ich Werner kenne, wird der hier gleich wutschnaubend auf der Matte stehen, was willst du ihm dann sagen?“

„Das wird sich finden“, meinte Nadine, „es wird uns schon

was einfallen.“ Dann frühstückte sie in aller Ruhe weiter.

Seit dem sehr kurzen Telefongesprächs war noch nicht mal 15 Minuten vergangen, als es wieder an der Haustür klingelte. Da schaute Marion auf und sagte: „Das ist er, jetzt wird es lustig.“ Und sie standen beide auf und gingen zur Tür. Der Besucher vor der Tür hatte es anscheinend sehr eilig, denn er klopfte auf die Tür ein, als wollte er sie einschlagen. Als Nadine die Haustür öffnete, stürmte Werner wie ein Wilder in den Flur und schrie Nadine an: „Du dumme Göre, was fällt dir ein, einfach aufzulegen wenni mit dir telefoniere?“

Er wollte gerade wieder Luft holen, um weiter zu brüllen, als er Marion sah und sie anfuhr: „Hau ab, ich habe mit Nadine etwas zu besprechen, zieh Leine.“

„Du bleibst“, sagte Nadine, „er kann dich nicht aus meiner Wohnung schmeißen.“

Unterdessen wurde Werner zornesrot im Gesicht und wollte gerade losschreien, als Nadine zu Werner sagte: „Werner, es ist aus, finde dich damit ab, tyrannisiere jemand anderen, hau ab und lass mich endlich in Ruhe.“ Und Sie deutete dabei auf die Tür. „Vergiss nicht die Tür hinter dir zu schließen, aber Dalli. Werner du hast einfach zu viel Scheiße im Kopf, das kann nicht gesund sein, glaub mir, ich kenne mich aus, arbeite ja beim Arzt.“

Werner wurde unterdessen immer wütender, er hob seine rechte Hand, um Nadine ein paar heiße Ohren zu verpassen, als sie ihm eiskalt sagte: „Schlag ruhig zu, wir haben einen Zeugen für die Körperverletzung.“ Und sie deutete dabei auf Marion. „Das gibt dann eine dicke Anzeige.“

Daraufhin ließ Werner die Hand sinken und schaute Nadine ganz verstört an, die sagte: „Und nun raus, sonst rufe ich die Polizei.“

Als Werner merkte, dass hier nichts mehr zu machen war, warf er Nadine und Marion noch einen wütenden Blick zu, drehte sich um und stürzte zur Tür, die er dann krachend hinter sich schloss.

Als Werner nun weg war, waren die beiden wirklich erleichtert, also setzten sich beide wieder an den Frühstückstisch. Als Nadine an ihrem kalten Kaffee nippte, sagte sie: „Ich hoffe nur, dass Werner mich jetzt endlich in Ruhe lässt."

„Hoffentlich", meinte auch Marion.

Als die beiden das Frühstück beendet hatten, fragte Marion beim Wegräumen des Geschirrs: „Und was machen wir beiden Hübschen mit dem Rest des Sonntags?"

In diesem Moment schloss Nadine den Geschirrspüler und meinte: „Ja, was machen wir, hast du denn eine Idee?"

„Klar habe ich eine Idee", meinte Marion, „lass uns zu den Hirschburgern fahren. Ich kenne einen von ihnen, und wie ich hörte, kennst auch du jemanden von ihnen. Also lass uns ruhig mal hinfahren, das sind ganz nette Leute, du wirst schon sehen. Die sind ganz anders als die Ghosthunter."

In der Zwischenzeit hatten sich die beiden in der Stube in die Sessel gesetzt und Nadine fragte Marion: „Du kennst einen von den Hirschburgern, dass wusste ich ja gar nicht. Wer ist er?"

„Du weist so manches nicht", antwortete Marion, „aber um dich nicht weiter auf die Folter zu spannen wie er heißt ... Die Hirschburger nennen ihn den Bruchpiloten, der hat mir mal geholfen, als meine Ente mal wieder ihre Tage hatte. Er ist ein ganz süßer Typ, der erinnert mich immer ein bisschen an Woody Allen."

„Woody Allen", meinte Nadine, „das ist doch so ein hibbeliger Typ mit Brille, oder? Aber der ist doch normalerweise gar nicht dein Typ."

Da erwiderte Marion entrüstet: „Wieso nicht mein Typ, das kannst du doch so gar nicht beurteilen. Ich finde ihn halt einfach nett."

„Weiß er denn von seinem Glück?", fragte Nadine.

„Er weiß von nichts, aber er hat gesagt, wenn ich mal wieder Ärger mit der Ente habe, dann solle ich ruhig mal vorbeikommen. Wenn das keine Einladung ist, will ich nicht Marion heißen. Na los, Nadine zieh dich um und lass uns zu den Hirschburgern fahren.“ Nach einem kurzen Blick auf die Uhr fügte sie hinzu: „Das Mittagessen können wir ausfallen lassen, denn das Frühstück hat sich ja nun recht lange hingezogen. Die Mittagszeit ist schon locker vorbei, also komm oder soll ich allein fahren?“

„Ok, ich ziehe mich nur schnell um, dann können wir von mir aus losfahren“, meinte Nadine und ging ins Schlafzimmer, um sich umzuziehen.

Marion blieb unterdessen im Wohnzimmer und hörte sich die Platte „Love is a Battlefield“ von Pat Benatar an.

*

Nachdem Werner nun hochkantig rausgeflogen war und die Tür hinter sich zuschlug, grummelte er noch: „Das wirst du alte Kuh noch büßen.“ Und dabei schwang er drohend die Faust, er kochte förmlich. Er war so wütend, das er sehr unaufmerksam auf seine Honda CB 1100 R zulief, dem stärksten, was Honda zu bieten hatte, die er vor dem Haus auf dem Bürgersteig abgestellt hat, denn als ihm ein Passant über den Weg lief, rannte er ihn einfach über den Haufen.

Als sich dieser nun auf dem Hosenboden wiederfand, fing er vor Schreck wie am Spieß zu schreien: „Hey du, kannst du denn nicht aufpassen, wo du hinrennst.“

Als Werner das hörte, baute er sich vor dem verdatterten Fußgänger auf und zog ihn am Hemdkragen zu sich herauf. Er war noch so geladen, dass er den Fußgänger als Blitzarbeiter sehr gut gebrauchen konnte, und brüllte ihn an: „Was willst du eigentlich, du Wurzelzwerg? Ein paar auf die Knabberleiste oder eine Gesichtsmassage?“ Und dann schüttelte er den Armen erst mal tüchtig durch.

Als der das hörte, wurde er bleich, riss sich dann überraschend los und suchte schnellstens das Weite, was Werner mit einem schäbigen Lachen quittierte. Dann setzte Werner den Helm auf, zog sich die Handschuhe an und startete seine Honda. Und dann gab er seiner Maschine die Sporen, denn er zog die Gänge bis zum Drehzahlbegrenzer auf. So knallte er viel zu schnell zum Hauptquartier der Ghosthunter, um sich mit seinen Kumpels zu treffen.

Als er nun vor der Imbissbude in der Jägerstraße ankam, die das Hauptquartier der Ghosthunter war, stellte er seine Maschine neben den anderen Maschinen ab.

Die Ghosthunter bevorzugten ausschließlich Maschinen aus Fernost, so zum Beispiel Honda, Kawasaki, Yamaha und Suzuki.

Nachdem Werner die Bude betreten hatte und von seinen Kumpels begrüßt wurde, setzte er sich auf seinen Stammplatz und bestellte „Bier, so lange, bis ich Stopp sage„. Und wenn er das rief, wusste der Wirt Bescheid, denn schon stand das Bier vor Werner, welches er mit einem Zug leerte, ohne dass er es absetzen musste, doch kaum war es leer, stand auch schon ein neuess Bier auf dem Tisch.

Als Wolle nach dem vierten oder fünften Bier nach Nadine fragte, schrie Werner: „Das geht dich gar nichts an und außerdem habe ich mit ihr schlussgemacht.“

Dann war das Gespräch für ihn beendet und er schüttete das nächste Bier in sich hinein.

*

Nachdem Dany und Linus Mittag gegessen hatten, fuhren sie wieder in die Powerstation, aber sie waren zu früh dran und es war noch kein Hirschburger da. Also überlegten die beiden was, sie denn nun machen sollten. Sie kamen dann überein, in eine Imbissbude zu fahren, um noch ne Cola zu trinken und dann etwas später noch einmal wiederzukommen.

Also fuhren sie zur nächstgelegenen Imbissbude. Als sie nun nach einigen Minuten auf dem Parkplatz der Imbissbude ankamen stellten sie den Wagen ab. Als sie ausstiegen, fragte Dany: „Willst du den Wagen nicht abschließen?“ Und sie deutete dabei auf die Autotüren.

Doch Linus meinte, dass das eigentlich nicht nötig war. denn er meinte, dass sie doch von drinnen sehen würden, wenn sich jemand an ihrem Wagen zu schaffen machte. Dann betraten sie die Bude. Dass vor der Bude einige Motorräder standen, hatten sie nur ganz nebenbei registriert.

Nachdem sich beide drinnen an einen leeren Tisch gesetzt hatten, bestellte Linus zwei Cola mit Eis und Zitrone und während beide warteten, fragte Dany, ob ihr Linus nicht ne Mark für die Musikbox geben könne, und sie schaute ihn dabei so flehend an, dass er nicht anders konnte, als ihr das Gewünschte zu geben.

Dany stand in dem Moment auf, als die Getränke gebracht wurden, welche Linus dann sofort löhnte. Währenddessen stand Dany nun neben der Musikbox und wählte einige Platten aus.

Als erstes wurde „If I was“ von Midge Ure gespielt.

Als sie sich wieder zu Linus setzte, wurde Wolle auf die beiden aufmerksam, und er stieß Werner in die Seite und fragte: „Sind das da drüben nicht zwei Hirschburger?“

Da schaute Werner leicht benebelt auf und schaute in die Richtung, in die Wolle zeigte. „Tja“, meinte Werner, „wenn das keine Hirschburger sind, will ich nicht Werner heißen. Das Bier muss meine Geruchsnerven betäubt haben, denn normalerweise rieche ich einen Hirschburger auf 100 Meter.“ Dann drehte er sich um und sagte zu seinen Kumpels: „Kommt, Leute, lasst uns ein bisschen mit den Hirschburgern spielen.“

Dann stand er auf und ging zu den Hirschburgern herüber, seine Kumpane folgten ihm.

In dem Moment als sich die Ghosthunter erhoben, sah Linus, dass da Ärger auf sie zukam. Als sich Dany umdrehen wolle, um zu sehen, worauf Linus deutete, klopfte ihr Wolle auf die Schulter, und Werner zog Linus an seinem Schlafittchen zu sich herauf.

„Na, Ihr Hirschburger", meinte Werner, „Es wird wohl langsam Zeit euch zu beklopfen wie einen Hamburger, damit ihr genießbar werdet."

Darauf erwiderte Linus trocken: „Dann pass mal auf, dass du dir nicht den Magen verdirbst." Und plötzlich stieß er Werner in die Richtung, in der seine Ghosthunter standen, die er dann gleich mit von ihren Beinen holte.

Als nun die Ghosthunter auf dem Fußboden herumkrabbelten und versuchten, sich unter den Tischen und Stühlen hervorzukämpfen rief Linus Dany zu: „Los, raus hier, ehe die wieder auf den Beinen sind." Und schon sprangen beide auf und stürmten durch die Tür hinaus.

Ehe sich die Ghosthunter versahen, sprangen die beiden ins Auto und fuhren mit quietschenden Reifen Richtung Innenstadt ab. Im Auto sagte Linus grinsend zu Dany: „Wenn ich die Tür abgeschlossen hätte, wäre es eng geworden, dann hätten die wirklich Hamburger aus uns gemacht."

Dann schaltete er den Kassettenrecorder an und knallte sich „Jump" von Van Halen um die Ohren.

*

Nachdem sich die Ghosthunter aus dem Getümmel gelöst hatten und sich hinter den Hirschburgern hermachen wollten, hörten sie die quietschenden Reifen und wussten, dass sie verloren hatten. Also unterließen sie es, noch hinterherzulaufen, und klopften sich erst mal die Kleidung ab. Dann setzten sie sich wieder an ihren Tisch und Werner bestellte wieder Bier.

Als dieses dann kam, prosteten sie sich zu und Wolle meinte: „So viel Glück haben die Hirschburger beim nächsten Mal nicht."

Und dann schütteten sie weiter Bier in sich hinein.

*

Nachdem sich Nadine umgezogen hatte machten Sie sich Marion und Nadine in Marions flügellahmer Ente auf den Weg zur Powerstation der Hirschburger.

*

Am frühen Nachmittag hatten sich schon einige Hirschburger in der Powerstation versammelt. Bodie, Doyle, Petmet und Relax saßen zusammen und beratschlagten, was sie gegen die Ghosthunter unternehmen sollten. Der Bruchpilot und Mike bastelten an der Maschine von Mike herum, einer Yamaha SR 500, und Ralf saß irgendwie abwesend von dem Radio und hörte „The last Kiss“ von David Cassidy.

Als Relax Ralf so sitzen sah, sagte er zu den anderen: „Mensch, der Ralf sieht aus wie ein liebeskranker Zahnarzt.“

Worauf Ralf wie von der Tarantel gestochen aufsprang und sich fast auf Relax stürzen wollte. Er ließ es dann doch bleiben und fragte Relax: „Wer ist hier verliebt? Ich ganz sicher nicht, du musst wohl jemand anderen meinen, und wenn du mich meinst, in wen soll ich denn verliebt sein?“

In diesem Moment deutete Doyle verschmitzt lächelnd auf die Tür, wo Marion gerade Nadine hereinschob. Als Ralf das richtig realisiert hatte, wurde er zuerst bleich, dann rot wie ein Feuermelder und die Powerstation-Besatzung fing an fürchterlich zu lachen. Nachdem sich die Hirschburger von ihrem Lachanfall erholt hatten, ging der Bruchpilot, nachdem er sich die Hände notdürftig mit dem Lappen gereinigt hatte, auf Nadine und Marion zu und gragte: „Was kann ich für euch tun?“ Und zu Marion gewandt: „Na, macht die Ente wieder Schwierigkeiten?“

Aber bevor ihm geantwortet werden konnte, rief Petmet aus dem Hintergrund: „Wieso du? Sie kommt sicher nicht zu dir.“

Und er klopfte Ralf dabei locker auf die Schulter. „Na dann ran an den Feind.“ Und er schob Ralf Richtung Eingang. Nun war Nadine an der Reihe, rot zu werden. Dann erwiderte sie: „Wieso Feind? Ich bin nur gekommen, um mich für das, was gestern passiert ist, zu entschuldigen.“

Darauf sagte Mike, der jetzt neben dem Bruchpilot stand: „Schickt Werner dich her, oder was?“

„Nein, Werner schickt uns nicht her“, rief Marion entrüstet aus. „Man hat mich hierher eingeladen und ich gehe davon aus, dass ich auch eine Freundin von mir mitbringen kann.“

Und da sprang ihr der Bruchpilot bei, der sagte: „Ja, das stimmt, ich habe Marion hierher eingeladen, und sie kann, wenn sie will, auch ihre Freunde mitbringen.“ Und dann an Doyle und Bodie gewannt: „Und nun benehmt euch nicht wie die Penner und macht die Stühle frei, damit sich die Damen setzen können.“

Darauf standen die beiden sofort auf und Nadine und Marion setzten sich auf die nun angebotenen Sitzmöbel. Als die beiden saßen, sagte Nadine: „Noch einmal auf die Frage von vorhin, Werner schickt mich nicht, denn ich habe mit ihm und seinen Rockern nichts mehr zu tun.“

Als Petmet das hörte, fing er an zu schmunzeln und meinte zu Ralf: „Deine Chancen steigen immer mehr.“ Dann schob er Ralf weiter auf Nadine zu und meinte: „Ihr habt euch doch sicher einiges zu sagen.“ Und den anderen rief er zu: „Wer kommt mit in die Imbissbude? Ralf bezahlt.“

Und schon stürmte der größte Teil der Hirschburger Richtung Ausgang, Sie ließen nur noch Nadine und Ralf zurück, die sich doch einiges zu sagen hatten.

Als nun die Hirschburger draußen standen, trafen gerade Linus und Dany ein, die beiden wurden von den anderen abgefangen, und Bodie meinte:

„Da drin sind im Moment zwei sehr beschäftigt, da würdet ihr nur stören. Drum hat uns Ralf in die Imbissbude eingeladen.“

Als Linus das hörte frage er: „Wo ist denn Ralf?“

„Du stellst Fragen", meinte Bodie, „Ralf ist der eine von den beiden."

Da wurde dann Dany hellhörig: „Wer ist denn der oder die zweite?"

„Wer wohl? Du kannst Fragen stellen", meinte Doyle, der neben Bodie stand. „Es ist Nadine, das Mädchen, das er gestern vor dem Supermarkt kennengelernt hat."

In diesem Moment rief Petmet aus seinem Auto herüber: Wollt ihr denn Wurzeln schlagen? Kommt in die Gänge, seht zu, dass ihr euch in eure Kisten faltet, damit wir endlich los können."

Das ließen sich die Herumstehenden nicht zweimal sagen, sodass sie sich alle recht schnell auf die diversen Autos verteilt hatten.

Und plötzlich stand nur noch Marion auf dem Parkplatz, da sprang der Bruchpilot aus seinem Auto und rief: „Mensch, Marion, dich hätte ich fast vergessen, du kommst natürlich auch mit." Dann schränkte er aber ein: „Aber nur, wenn du willst."

„Gerne", meinte Marion strahlend. „Es wird mir ein Vergnügen sein mitzukommen, denn Nadine hat jetzt ja etwas anderes vor."

„Also OK", meinte der Bruchpilot. „Dann setz dich in meinen Karren, damit wir los können, denn Petmet wird langsam ungeduldig." Und er deutete auf Petmet, der nervös auf sein Lenkrad trommelte. Als der Bruchpilot die Beifahrertür geöffnet und Marion sich gesetzt hatte und auch der Bruchpilot hinter dem Steuer verschwunden war, kurbelte er die Scheibe runter und rief zu Petmet herüber: „OK, alles klar, es kann losgehen."

Und dann starteten die Hirschburger zur Imbissbude am Marktplatz.

Im Auto des Bruchpiloten lief gerade Musik von Modern Talking, „You can win, if you want", was Marion gut gefiel.

Doch dann fragte sie den Bruchpiloten plötzlich: „Warum heißt du eigentlich Bruchpilot?"

„Ach, das ist eine lange Geschichte“, meinte der Bruchpilot und da knuffte ihm Marion in die Seite und meinte: „Dann erzähl mal, so lang wird die Geschichte wohl nicht sein.“

Da fing dann der Bruchpilot an zu erzählen: „Ich war der erste Hirschburger, der einen Führerschein hatte, mit dem dazugehörigen Auto, und zu dieser Zeit waren wir noch ein paar Hirschburger mehr und gerade denen passte es nicht. Ich hatte in der ersten Zeit meiner Autofahrer Laufbahn einen großen Autoverschleiß. Und da hat man mir dann den Namen Bruchpilot angehängt und genau die, die mir den Namen angehängt hatten, haben wir dann einige Zeit später aus dem Club geschmissen. Die haben versucht, den einen gegen den anderen auszuspielen, so etwas konnten wir nicht akzeptieren.“

Da meinte Marion: „Aber wenn die, die dir den Namen angehängt haben, nicht mehr da sind, warum heißt du dann immer noch Bruchpilot?“

Da meinte der Bruchpilot während des Zurückschaltens: „Die Hirschburger haben sich daran gewöhnt mich mit diesem Namen anzusprechen und ich habe mich auch daran gewöhnt, ohne gleich in die Luft zu gehen. Wie du vielleicht schon gemerkt hast hat bei uns nämlich so ziemlich jeder einen Spitznamen.“

Und dann faltete er den Alfa auf den Parkplatz an der Imbissbude. Er stellte den Motor ab und meinte: „So und das war die Bruchpiloten-Story.“ Er stellte den Kassettenrekorder ab und beide folgten dem Rest der Mannschaft in die Imbissbude.

Nachdem Sie sich nun alle im an einem Tisch versammelt hatten, begann Linus zu erzählen, was er und Dany gerade mit den Ghosthuntern erlebt hatten. Er meint, es war eine sehr enge Sache und dass sie sehr viel Glück hatten.

Doch ehe jemand etwas dazu sagen konnte, kam eine Serviererin und sie bestellten erst mal jede Menge Pommes, Curry-Wurst und Cola.

Nach ein paar Minuten kam das Bestellte und das große Fressen begann, das Mike nur mal kurz unterbrach, um in der Musik-

Box ein paar heiße Scheiben auszuwählen.

*

Zur gleichen Zeit im HQ der Ghosthunter.

Als sich die Ghosthunter seit dem Abgang der Hirschburger noch einige Bierchen reinpfiffen, begann bei ihnen in den Gehirnen der Alkohol zu wirken, und Werner rief: „Hey, Leute, wer von euch weiß, wo die Hirschburger ihr Hauptquartier haben?“

„Ich“, meinte Atze, der gerade an seinem Bier nippte. „Die haben ihre Bude an der Mardorfer Straße, ich habe mir die Bude schon mal unauffällig angesehen und ich muss sagen, die haben ne dufte Unterkunft.“

„Hör auf zu sülzen“, meinte Werner, „du sollst hier keine Lobeshymnen singen, wir haben was anderes vor. Kommt, Leute, gebt die Deckel ab, wir machen ein bisschen Putz und ebnen den Laden ein und machen einen Parkplatz daraus.“

Dann flogen die Deckel auf den Tresen und ab ging es nach draußen. Da packten sie sich in ihre Klamotten und rauschten dann geschlossen ab in die Stadt. Als Sie durch die Stadt fuhren, sah Atze, der an der Spitze fuhr, vor der Imbissbude am Marktplatz den Wagen von Linus stehen. Er fuhr dann sogleich an den Straßenrand und winkte Werner zu sich. Dann öffneten beide Ihre Helmvisiere und Atze rief zu Werner rüber: „Hey, Werner, ich habe eben vor der Imbissbude am Marktplatz den Wagen von dem Typen gesehen, der uns vorhin durch die Lappen ging.“

Das hörte Werner sehr gerne und er meinte: „OK, dann lass uns erst mal diesen Typen aufwischen, so viel Glück wie vorhin ist nicht normal, also erst der Typ mit Tussi und dann das HQ der Hirschburger.“

Er gab das Handzeichen, ihm zu folgen und dann drehten alle Ghosthunter um und fuhren zur Imbissbude, vor der das Fahrzeug von Linus stand. Dort stellten sie ihre Motorräder ab und dann ging es, Werner voran, in die Imbissbude.

*

Als erster sah Mike die Ghosthunter, die gerade die Bude betraten. Vor Schreck ließ er den Hamburger fallen, in den er gerade beißen wollte, und faste sich an seine lädierte Nase. Als nun die Ghosthunter auf sie zukamen, spielte die Musicbox „Wild Boys" von Duran Duran.

Petmet, der gerade eine Ladung Pommes in sich hinein schaufelte, schaute gelangweilt auf und meinte: „Hey, Leute, ich glaube, wir haben Besuch." Und er deutete mit der Gabel auf die Ghosthunter die nun neben dem Tisch der Hirschburger standen.

Als Werner das hörte, wollte er natürlich den coolen Macker spielen, denn er schlug mit der Faust auf den Tisch und meinte: „Jetzt wollen wir die Hirschburger mal richtig aufmischen, habt ihr Lust?"

„Mann, ich hab schon wieder irre Lust", meinte Dany, die ein Stück näher zu Linus gerutscht war. „Die Frage ist nur, worauf. Mensch, Werner, du bist schlimmer als ne Schlaftablette. Wenn ich dich so sehe, frage ich mich, wie du als kleines Baby aus der Mülltonne gekommen bist, in die dich deine Eltern geworfen haben, um der Welt deinen Anblick zu ersparen."

„Kleine, vorhin hast du Glück gehabt, also pass auf, was du von dir gibst", meinte Werner, der händeringend um Beherrschung bemüht war. „Sonst kommst du ins Eingemachte und wirst zu Weihnachten von mir vernascht."

Daraufhin erwiderte Relax, um vom Thema abzulenken: „Apropos, Baby, jetzt weiß ich auch, wo ich Werner zum ersten Mal gesehen habe, das war, als Gott die Klugheit und die Dummheit verteilt hat. Zuerst war die Klugheit dran und da habe ich mich gemeldet, Werner saß wohl zu der Zeit auf dem Klo. Also meldete er sich, als Gott die Dummheit verteilt hat, und ihr glaubt es nicht, da hat sich Werner gleich dreimal gemeldet und da Ergebnis steht hier.“ Und er zeigte dabei auf Werner, der mittlerweile kurz vor einer Explosion stand.

Doch ohne dann weiter auf die Provokationen einzugehen, fragte Werner: „Wo ist eigentlich der Kerl, dem ich gestern die Visage verbogen habe? Den sehe ich hier nicht.“

„Tja, Werner, doof magst du ja sein, blind bist du sicher nicht“, meinte Doyle „Der, den du meinst, ist gerade in sehr guten Händen, dem geht es sicher prächtig.“ Und zu Bodie flüsternd meinte er: „Dem geht es 100% besser als uns, Er hat die Ghosthunter schon hinter sich, wir haben sie noch vor uns.“

Als Werner da Getuschel sah, schrie er los: „Was gibt es hier zu tuscheln? Sag nur noch, der ist mit meiner Tussi zusammen, dann nehme ich das Würstchen auseinander.“ Und er machte eine eindeutige Handbewegung.

Als Bodie diesen Temperamentausbruch sah, stand er auf, blies seinen doch sehr breiten Brustkorb auf und sagte zu Werner: „Wer deine Tussi ist, weiß ich nicht, aber das Mädchen, mit dem Ralf gerade zusammen ist, ist im Moment frei. Wie ich gehört habe, hat sie ihrem Macker den Laufpass gegeben und sie sagte, er ödete sie unheimlich an. Er soll der größte mit Muskelkraft bepackte Idiot sein, der je seinen Hirnfresser unter der Sonne hat verhungern lassen und dabei in alten Lederklamotten in der Gegend rumvegetiert.“

Als Werner das hörte, ging er voll auf 180, aber die anderen Ghosthunter hielten sich überraschend auffällig zurück, doch je cooler sie waren, umso heißer war Werner, der kurz davor war abzudrehen.

Also stand dann auch noch Doyle auf, baute sich vor Werner auf und klopfte Werner auf seinen Bierbauch und meinte: „Lass die Luft aus der Jacke, Werner, oder willst du hier die Bude auseinandernehmen? Aber bedenke, dass die Reparatur der Imbissbude deine finanziellen Möglichkeiten bei weitem übersteigen würde. Also tue uns einen Gefallen und Spendier uns noch ne Runde Pommes, Currywurst und Cola.“

Und damit war das Gespräch für Doyle beendet. Er machte Bodie ein Zeichen und beide setzten sich wieder und widmeten sich weiter ihrem Essen.

In diesem Moment war Werner so perplex, dass er sich auf der Stelle umdrehte und die Imbissbude verließ. Die anderen Ghosthunter guckten ganz überrascht, und als Werner die Bude verlassen hatte, rannten sie sofort hinter ihm her. Ohne allerdings die von Doyle gewünschte Bestellung aufzugeben.

Die Hirschburger beendeten währenddessen das Mahl und ließen die Rechnung dann für Ralf anschreiben. Nachdem auch dies geschehen war, verließen sie die Imbissbude und standen nun sehr unschlüssig bei ihren Autos und diskutierten, was sie denn nun machen wollten.

Da kam Petmet auf die Idee, mal zu schauen, was Ralf mit seiner neuen Flamme so trieb. Da dieser Vorschlag die ungeteilte Zustimmung aller Hirschburger bekam, machten sie sich auf den Weg zur Powerstation.

*

In der Powerstation war Ralf gerade damit beschäftigt, Nadine besser kennenzulernen. Aus dem Radio klang gerade „Drive“ von den Cars und wie es aussah, verstanden sich die beiden von Minute zu Minute besser. Doch als die restlichen Hirschburger wie eine Horde Wilder die Powerstation stürmten, wurde ihr zärtliches Beisammensein jäh gestört. Als die Hirschburger nun wieder zusammen waren, besprachen sie, wie es ihnen ergangen war.

Petmet sagte zu Ralf: „Linus und Dany hatten vorhin Zoff mit den Ghosthuntern.“

Da sah Ralf Linus und Dany an und fragte verwundert: „Und sie haben nichts abbekommen! Wie habt Ihr das gemacht?“

Dazu sagte Linus, der neben Petmet stand: „Wir konnten uns im letzten Moment verdünnisieren, aber nicht ohne den Ghosthuntern noch schnell eins auszuwischen."

„Da habt ihr aber Glück gehabt, das hätte leicht ins Auge gehen können."

„Das ist noch nicht alles", sagte Relax, der jetzt auch bei ihnen stand. „Als wir vorhin in der Imbissbude saßen, bekamen wir schon wieder Besuch von denselben Herren."

Darauf erwidert Ralf der sich verwundert umschaute: „Ihr habt Besuch von den Ghosthuntern gehabt und es ist anscheinend nichts passiert." Und er deutete dabei auf die herumstehenden Hirschburger und meinte weiter: „Wie habt ihr das bloß gemacht?"

„Tja, wie wohl?", sagte Doyle: „Wie du siehst, haben wir den Ghosthuntern ausreden können, sich mit uns zu prügeln, und wie ihr seht, hatten wir Erfolg damit."

Worauf Ralf und Nadine nur verwundert den Kopf schüttelten.

Dann rief Mike plötzlich aus: „Ruhe, Leute, ich habe was zu sage." Als die Hirschburger verstummten, meinte Mike weiter: „Was machen wir heute Abend? Hat einer eine Idee?"

„Ich habe eine Idee", rief Ralf. „Lasst uns ins Kino fahren, da läuft ein heißer Film, MAD MAX, da dreht es sich auch um jede Menge Motorräder."

Als die anderen das hörten, meinte auch der Bruchpilot: „Klar, lass uns den Streifen anschauen, das ist wohl so ein Endzeit-Epos aus Australien mit Mel Gibson, hab ich schon vor ein paar Jahren gesehen, der lohnt sich wirklich. Der läuft als Wiederauflage im Kino an der Weser."

Also entschlossen sich die Hirschburger, nach so viel Fürsprache für den Film doch ins Kino zu fahren, nur Bodie und Doyle wollten nicht mit, denn sie wollten sich einen Ford Capri ansehen.

Also rief der Bruchpilot, als dieses geklärt war: „Dann lasst uns um 19 Uhr wieder zusammentreffen und dann zusammen ins Kino fahren." Und zu Marion und Nadine gewandt sagte er „Wenn Ihr Lust habt könnt Ihr natürlich mitkommen, ihr seid ja schon fast auch Hirschburger. Und wenn ihr wollt, machen wir euch auch am besten gleich zu Hirschburgern." Und an die anderen Hirschburger gewandt: „Hat einer von euch irgendwelche Einwände?"

Als von den Hirschburgern keine Einwände kamen, sprach der Bruchpilot feierlich: „Damit seid ihr beide, Marion und Nadine, gleichberechtigte Hirschburger wie alle anderen hier." Zu Doyle sagte er: „Geh mal an den Spind hinten bei der Grube, dort liegen noch ein paar Powerstation-Schlüssel."

Marion und Nadine waren sehr erfreut, bei den Hirschburgern aufgenommen worden zu sein. Sie erhielten beide je einen Schlüssel und dann verstreuten sich die Hirschburger in alle Winde.

Kapitel 3 : Stress mit den Hirschburger Ghosthuntern

Bodie und Doyle währenddessen machten sich gleich auf den Weg, sich in Hannover einen Wagen anzusehen, den Doyle in der Autozeitschrift gesehen hatte. Doyle hatte den Verkäufer schon angerufen und einen Termin ausgemacht.

Als sie nun in Hannover-Vahrenwald die Adresse des Verkäufers suchten, meinte Bodie: „Schön ist Hannover hier wirklich nicht, echt gruselig, die Mietbunker hier. Da hat der letzte Krieg echt nichts Schönes mehr stehen lassen." Und er zeigte um sich. „Sag mal, Doyle, was hat der Typ denn wegen des Wagens gesagt?"

„Er meinte er könne sich den Wagen nicht mehr leisten", meinte Doyle. „Er müsse zum Bund und da kann er sich einen 6-Zylinder einfach nicht mehr leisten. Der Capri III S ist Champagnergold, hat einen 2,8 Liter 6 Zylinder mit 160 PS, sehr wenig Kilometer, der Macker fährt sonst meistens Motorrad mehr, weiß ich auch noch nicht."

Dann meinte Bodie, der den Navigator spielte: „Hier rechts müsste gleich die Dragonerstraße kommen."

Und nachdem die beiden dann tatsächlich in der Dragonerstr. waren, machten sie sich auf die Suche nach der Adresse. Plötzlich rief Doyle aus: „Das müsste es sein, da steht er." Und er deutete dabei auf einen champagnergoldfarbenen Ford Capri III, der auf dem Hof stand.

Also stiegen beide aus, gingen zum Hauseingang und Klingelten. Nach ein paar Minuten wurde die Tür geöffnet und ein junger Mann stand vor ihnen. Wohl Mitte 20, ca. 175 cm groß, vollschlank mit rotblonden Haaren und blauen Augen. Er machte auf beide einen sympathischen Eindruck und nach der üblichen Begrüßung zog sich der Macker, er hieß übrigens Norbert, seine Lederjacke mit Kutte an und ging mit beiden zu dem auf dem Hof stehenden Capri.

Norbert schloss die Türen auf und ließ Doyle freie Hand, sich den Wagen in aller Ruhe anzusehen.

Doyle war hellauf begeistert, einfach happy. Das war genau der Wagen, den er gesucht hatte und der dem Wagen aus der Krimiserie bis auf den Linkslenker glich.

Währenddessen sprach Bodie mit Norbert: „Sag mal, Norbert, du hast ne Ghosthunter-Kutte, hast du was mit Werner von den Ghosthuntern in Hirschburg zu tun?"

Norbert überlegte und antwortete dann: „Nee, mit dem habe ich eigentlich nichts zu tun, ich gehöre zu den Hannoveraner Ghosthuntern, und so gibt es auch noch Mindener Ghosthunter, Hirschburger Ghosthunter und als Muttergruppe die von allen geschätzten Steinhuder Ghosthunter mit Dirty Harry als Boss."

Als Norbert nun geendet hatte, kam Doyle zu ihnen, und er fragte: „Wie kommt es, dass der Tacho auf knapp 20.000 Kilometern steht? Der Wagen ist doch 4 Jahre alt. Das ist ziemlich wenig, wie kommt's?"

„Ich habe den Wagen ja kaum gefahren, Ich fuhr meistens mein Motorrad, eine Honda CBX, übrigens auch ein 6 Zylinder. Bloß die ist im Unterhalt so teuer, dass ich mir jetzt, wo ich zum Bund muss, zwei 6 Zylinder nicht mehr leisten kann. Und ich habe mich für die CBX entschieden. Wenn du den Capri haben willst, mache ich dir einen guten Preis, denn ich brauche dringend Geld. Er hat den neuen 2,8 Liter V6 Motor aus dem Granada mit 160 PS, der ist viel stärker als der alte Essex 3 Liter V6, den dein Bruder fährt. Der hat ja nur 138 PS, du hast bei weniger Hubraum mehr PS." Und Norbert grinste, als er das sagte.

Da gab es wohl für Doyle kein Halten mehr, also begaben sich die drei dann in seine Wohnung und sie handelten.

Als Doyle nach einer halben Stunde die Wohnung verließ, war er stolzer Besitzer eines Ford Capri S, und er war wirklich happy.

So machte sich Bodie und Doyle mit dem stratosilbernen Capri S von Bodie auf den Weg nach Hause und morgen wollte Doyle mit einer Hand voll Scheinen wieder hier sein, um den Wagen dann nun endgültig in seinen Besitz zu nehmen.

*

Gegen 19 Uhr kam wieder Leben in die Powerstation, wo sich langsam die Hirschburger versammelten, um ins Kino zu fahren.

Aus dem Auto von Linus war das Lied „Get it On“ von The Powerstation zu hören und aus dem Auto des Bruchpiloten sang Bruce Springsteen „I'm on Fire”.

So warteten die Hirschburger darauf, vollzählig zu werden.

Als dann nun auch Petmet, Relax und Ralf auf der Bildfläche erschienen, waren die Hirschburger komplett und verteilten sich auf die Fahrzeuge.

Im Toyota von Linus fuhren Linus, Mike und Dany.

Im Alfa des Bruchpiloten dann der Bruchpilot, Marion, Nadine und Ralf und im Renault von Petmet fuhren Relax und Petmet.

So sortiert ging es dann nach Nienburg ins Kino.

Linus bildete die Vorhut und der Bruchpilot die Nachhut.

Linus sah plötzlich Motorräder neben seinem Auto auftauchen, die die Hirschburger überholten. Dany, die auf dem Beifahrersitz saß, drehte die Lautstärke von „Run to You“ von Bryan Adams herunter und sagte zu ihren Mitfahrern: „Das waren die Ghosthunter, ich habe sie an ihren Kutten erkannt. Ich frage mich nur, wo die schon wieder hinwollen.“

„Ich habe das Gefühl“, meinte Mike, „dass die Ghosthunter für uns wie ein Fluch sind, denn überall, wo wir sind, sind auch die.“

Ehe noch Linus und Dany antworten konnten, kam Leben in den Konvoi der Hirschburger. Der Alfa des Bruchpiloten wurde auf die Gegenfahrbahn gelenkt und die Lichthupe wurde wie wild betätigt. Dann zog der Alfa Vollstoff an ihnen vorbei.

Als Linus das sah meinte er nur: „Was ist denn in den gefahren? Dem ist wohl das letzte bisschen Hirn in den Gasfuß gerutscht."

Im selben Moment bremste der Alfa ab und blinkte auf den Seitenstreifen heraus. Als nun auch Linus abbremste und auf den Seitenstreifen fuhr, grummelte er: „Ich bin nur auf die Erklärung gespannt, die er hat."

*

Was sich im Alfa des Bruchpiloten abspielte, wollen wir jetzt zur Erklärung bringen.

Also, der Bruchpilot bildete den Schluss des Konvois und er öauschte gerade dem Alan Parsons Project mit „You don't belive", als er zu den anderen sagte: „Kennt ihr denn auch die neueste Scheibe von Alan Parsons? Das ist bei uns in der Powerstation so was wie ein Dauerbrenner."

„Klar kennen ich und Marion Alan Parsons", meinte Nadine. „Die Konzeptalben von denen sind doch schon Kult."

Plötzlich überholten sie die Ghosthunter aus Hirschburg und Nadine rief plötzlich aus dem Fond: „Das sind die Ghosthunter, ach du Schreck, die wollen auch ins Kino. Die haben sich gestern darauf geeinigt, heute ins Kino zu fahren. So ein Mist jetzt fahren wir da auch hin, das habe ich ganz vergessen."

Darauf erwiderte der Bruchpilot verblüfft: „Woher weißt du das denn alles?"

„Du vergisst anscheinend, dass ich bis heute Morgen auch noch ein Ghosthunter war, bis ich zu euch übergelaufen bin. Und da habe ich natürlich alles mitbekommen."

Darauf meldete sich Marion vom Beifahrersitz, die sagte: „Wenn ich das richtig verstanden habe, fahren die Ghosthunter jetzt ins Kino und auch wir fahren in dasselbe Kino, was bedeutet, dass wir uns im Kino wiedertreffen werden, oder sehe ich das falsch?"

„Genau so ist es", meinte Ralf aus dem Fond, „jetzt müssen wir überlegen, was wir machen. Ob wir nun auf blauen Dunst hinfahren und uns auf unser Glück verlassen, oder ob wir umkehren?“

„Lass mich mal machen“, meinte der Bruchpilot“, dann knüppelte er in den dritten Gang zurück, ließ den Motor aufheulen und kickte den Blinker raus. Als er dann auf der Überholspur war, benutzte er wie ein Wilder die Lichthupe. Als er dann an beiden Fahrzeugen vorbei war, scherte er wieder ein und bremste sein Fahrzeug ab. Dann kickte er den Blinker Richtung Straßenrand, wobei er hoffte, dass die anderen Fahrer das gleiche tun würden.

Nachdem er sich durch einen Blick in den Innenspiegel vergewissert hatte, dass auch die anderen Hirschburger auf dem Seitenstreifen hielten, stiegen sie aus. Auch die anderen Fahrzeuginsassen verließen ihre Autos. Linus kam auf den Bruchpiloten zu und rief: „Dir ist wohl soeben das letzte bisschen Hirn in den Gasfuß gerutscht oder was soll das?“

„Ganz ruhig“, meinte Ralf beschwichtigend. „Ganz ruhig, wir müssen uns noch einmal unterhalten und dies war die einzige Möglichkeit, das zu bewerkstelligen.“

„Worüber müssen wir denn jetzt schon wieder quatschen?“, meinte Dany, die neben Linus stand. „Ich denke, wir wollen ins Kino.“

„Genau das ist es“, sagte Marion, „nicht nur wir wollen ins Kino, sondern auch die Ghosthunter. Das fiel Nadine gerade ein, als uns die Ghosthunter überholten.“

„Na und?“, meinte Petmet. „Was interessieren mich die Ghosthunter? Ich will ins Kino, Basta. Wenn die Ghosthunter da sind, stört mich das nicht besonders, da ist es ja dunkel, so müssen wir die Visagen von den Typen ja nicht sehen.“

Und auch Mike pflichtete Petmet bei: „Los, kommt, lasst uns langsam fahren, sonst kommen wir nicht mehr rein.“

Dann ergaben sich die Hirschburger ihrem Schicksal und fuhren weiter, um sich den Film dann doch anzusehen.

*

Als die Hirschburger beim Kino an der Weser ihre fahrbaren Untersätze auf dem Parkplatz hinter dem Kino abgestellt hatten, betraten sie dann auch das selbige.

An der Kasse standen die Ghosthunter schon wieder am Getränkeautomat und gluderten zu ihnen herüber.

Als Relax das sah, meinte er: „Die tanken schon wieder."

Und dann betraten sie den Vorführraum, ohne sich um die Ghosthunter zu kümmern.

Als der Film nach gut zwei Stunden zu Ende war, das Licht wieder anging und die Hirschburger das Kino verließen und auf ihre Autos zugingen, trafen sie mal wieder auf ihre „Freunde", die Ghosthunter. Die hatten sich bei ihren Autos postiert und sahen alles andere als nüchtern aus.

Relax sagte leise zu den anderen: „Das wird ja langsam langweilig mit den Typen, überall, wo wir die treffen, sind die blau und machen Zoff, das wird langsam lästig."

Als die Hirschburger nun bei ihren Autos ankamen, fing Werner an, Randale zu machen, denn er schrie Nadine entgegen:

„Na du alte Tunte, hast dir ja schnell einen neuen Macker gesucht. Wie lange willst du ausgefahrene Autobahn denn mit dem rumziehen, bis du ihn in die Wüste schickst?"

Und genau in diesem Moment sprang Ralf auf Werner zu, drosch ihm die Faust ins Gesicht und schon rollten sich beide ineinander verkeilt über den Parkplatz. Doch noch ehe es für Ralf gefährlich werden konnte, riss Nadine Ralf zurück und rief: „Ralf was soll das? Lass dich von Werner nicht provozieren, das hast du doch gar nicht nötig. Lass diese hirnschwangere Auster doch einfach links liegen."

Und während sie das sagte, schob sie Ralf Richtung der Hirschburger weiter, die sich inzwischen so aufgestellt hatten, dass sie ein Eingreifen der anderen Ghosthunter jederzeit unterbinden konnten.

Doch auch Werner hatte sich inzwischen aufgerappelt und hielt sich sein Kinn. Es sah so aus, als wollte er sich erneut auf Ralf stürzen, als sich Petmet ihm in den Weg stellte und sagte: „Mensch, Werner, hau endlich ab mit deinen Mackern und lass uns in Ruhe, wir haben inzwischen von dir die Schnauze voll. Wir haben einen viel zu großen Schönheitssinn und deine Visage ist eine viel zu große Beleidigung für uns.“ Dann drehte er sich um und sagte zu den Hirschburgern: „Lasst uns hier abhauen, die Luft ist mir hier einfach zu schlecht.“ Und er deutete dabei auf die Ghosthunter.

Dann stiegen die Hirschburger in ihre Autos, ohne weiter von den Ghosthuntern behelligt zu werden.

Als sie abfuhren, fragte Marion den Bruchpiloten: „Warum haben die anderen Ghosthunter denn nicht eingegriffen?“

„Ich würde sagen“, meinte der Bruchpilot nach einigem Überlegen, das ist eine Sache, die nur Werner und Ralf etwas angeht, und das haben die anderen scheinbar kapiert, denn wenn sie eingegriffen hätten, wäre es zu einem Bandenkrieg gekommen und den wollen wir und ich glaube auch die anderen vermeiden.“

Und an Ralf gewandt meinte er: „Mann, bist du denn wahnsinnig, dich einfach so auf Werner zu stürzen und ihm die Fresse zu verunstalten. Wenn Nadine nicht so schnell reagiert hätte, dann hätte Werner aus dir Hähnchenklein gemacht. Du kannst dich nur freuen, dass wir auch noch da waren, sonst sähest du jetzt anders aus. Hat dir die Abreibung von gestern nicht gereicht?“

„Ja, ja, schon gut“, gab Ralf kleinlaut zu, „aber als Werner sein Schandmaul aufriss und die Beleidigungen gegen Nadine vom Stapel ließ, konnte ich mich nicht mehr beherrschen, da knallte bei mir ne Sicherung durch und sie rastete erst wieder ein, als ich mich mit Werner auf dem Parkplatz rumsuhlte.“

Da schüttelte Marion nur mit dem Kopf und sagte: „Du kannst dich nur freuen, dass Nadine so schnell reagiert hat und euch auseinander riss, sonst hätte es anders ausgehen können.“

Doch bevor Ralf etwas erwidern konnte, schmiegte sich Nadine zärtlich an ihn und flüsterte ihm zu: „Das habe ich doch gerne getan.“ Und dann küssten sich die beiden.

Als Marion das sah, sagte sie zum Bruchpiloten: „Ich glaube, es hat keinen Zweck, das Gespräch fortzusetzen, denn die beiden haben dahinten scheinbar etwas besseres zu tun als uns zuzuhören.“

Als der Bruchpilot fragend in den Innenspiegel sah, sah er, was Marion meinte, und er sagte: „Da könnte man ja richtig neidisch werden.“

Darauf beugte sich Marion zu ihm herüber und flüsterte ihm ins Ohr: „Das brauchst du doch nicht.“ Und dann warf sie ihm einen vielsagenden Blick zu und der Bruchpilot musste sich zusammenreißen, den Wagen heile nach Hirschburg zu bringen.

Als sie dann alle wohlbehalten in Hirschburg ankamen, verabschiedeten sich die Hirschburger voneinander.

Der Bruchpilot sagte, er bringe nur Marion nach Hause, worauf Mike trocken meinte: „Ich hoffe, du weißt noch, wo dein Zuhause ist, oder?“

Daraufhin bekam er vom Bruchpilot einen angedeuteten Kinnhaken.

Auch Ralf brachte seine Nadine nach Hause und somit verschwand dann auch der Rest der Hirschburger in alle Himmelsrichtungen. Dany fuhr mit Linus von dannen, Relax, Petmet und Mike schwoften noch ein bisschen in der Gegend rum.

Für die Hirschburger war das Wochenende gelaufen und am Montag begann für sie eine neue Arbeitswoche, sodass sie wohl nur sehr wenig Zeit haben würden, sich zu sehen.

*

Am gleichen Abend im Hauptquartier der Ghosthunter.

Nachdem sie von den Hirschburgern auf dem Parkplatz des Kinos dermaßen abgefertigt worden waren, war Werner sauer wie eine Zitrone und schrie seine Kumpel an: „Los, überlegt euch langsam mal was, damit wir den Hirschburgern eins auswischen können, denn wir müssen denen langsam mal zeigen, wer hier Herr im Hause ist.“

Dann kippte er sich ein Bier hinter die Binde.

Also saßen die Ghosthunter nun zusammen und dachten dermaßen stark nach, dass man es schon fast hätte hören können, bloß raus gekommen war noch nichts.

Da stellte Wolle sein Glas auf den Tisch und sagte plötzlich: „Hey, Leute, ich glaube, ich habe eine gute Idee.“

Als Werner das hörte, schaute er erschrocken von seinem Bier auf und griente: „Was? Du hast den Deckel aufgemacht und nachgedacht? Witz, komm raus, du bist umzingelt, jetzt sag nur noch, dass dir was eingefallen ist?“

Da gab Wolle kleinlaut zurück: „Willst du meine Idee nun hören oder nicht?“

Doch dann besann sich Werner eines Besseren und meinte: „Na, komm lass sie raus, deine Idee, sonst vergisst du sie noch.“

Da nahm Wolle noch einen Schluck Bier und fing an wie aufgefordert zu erzählen: „Wie wäre es, wenn wir denen die Reifen von ihren Autos klauen würden?“

Als Werner das hörte, schaute er Wolle ganz entgeistert an und fragte: „Habe ich einen Knick in der Hörmuschel oder hast du gerade gesagt, dass wir denen die Reifen klauen sollen? Das verstehe ich nicht.“

„Mensch, Werner, was bist du schwer von Begriff“, meinte Wolle. „Wenn die Typen Ihre Autos abends vor der Powerstation abstellen und die Karren stehen dann unbewacht rum, dann bocken wir die Antriebsachsen mit einem fahrbarem Wagenheber auf und bauen die Reifen ab. Denn der Vorplatz vor der Powerstation ist schön gepflastert, das kommt dem fahrbaren Wagenheber sehr entgegen.“

Als Smily das hörte, schlug er mit der Faust auf den Tisch und rief: „Mensch, Wolle, das ist die Idee des Jahres, das machen wir, dafür bekommst du auf der Hauptversammlung der Ghosthunter den verbogenen Schraubenschlüssel."

Und dann fingen alle Ghosthunter an zu lachen.

Der verbogene Schraubenschlüssel ist die höchste Auszeichnung der Ghosthunter.

Da wurde Wolle ganz verlegen und meinte: „Es gibt nur ein Problem dabei, wir brauchen einen Transporter, mit dem wir die Reifen abtransportieren können."

Da grinste Werner nur und meinte: „Wenn das deine einzige Sorge ist, das ist kein Problem. Ich kenne den Vize von unserer Mutterguppe, den Steinhuder Ghosthuntern, der Typ, der Riser, fährt einen Suzuki-Carry-Transporter. Er wird uns sicher helfen."

Als Ace das hörte, sagte er verwundert: „Was! Der Riser, dieses schmale Hemd, ist der Vize von den Steinhuder Ghosthuntern? Wie hat er das gemacht?"

„Der Junge ist halt ein guter Organisator und außerdem auch noch sehr zuverlässig", meinte Werner. „Wenn du genauso ein Typ wärst dann würde ich dich auch zum Vize machen." Und dann rief Werner nach der Bedienung: „Wo bleibt das Bier? Sollen wir denn hier verdursten?"

Als die Bedienung endlich kam, bestellte Werner Bier für alle. Dann hob er das Glas und brachte einen Toast aus: „Last uns eine Toast ausbringen auf das Gute gelingen der Aktion Reifenklau. Prost, alle zusammen."

Alle kippten das Bier in sich hinein. Dann verabredeten sie sich für den kommenden Freitag wieder, um alles weitere zu besprechen. Und alle verschwanden dann in der Nacht, die Arbeitswoche lag vor der Tür.

Kapitel 4: Der Bruchpilot bekommt reichlich Zunder

Wir schreiben Freitag, am frühen Nachmittag, als sich Dany, Marion und Nadine vor der Powerstation treffen. Dany hat in einer Boutique in Nienburg sehr günstige Klamotten gesehen und mit den anderen beiden verabredet, dass sie sich heute hier bei der Powerstation treffen wollten, damit sie sich die Klamotten mal zusammen anschauen konnten.

„Die Klamotten sind wirklich chic", meinte Dany, „und gar nicht mal teuer, so was ist doch was für uns, hab ich nicht recht?"

„Klar doch, lass uns das Zeug mal anschauen", meinte Nadine zustimmend. „Welchen Wagen nehmen wir eigentlich? Deinen meinen oder den von dir, Marion?"

Da schmunzelte Marion nur und antwortete, als Sie Ihren Wagen abgeschlossen hatte: „Lasst uns noch ein paar Minuten warten, dann beantwortet sich deine Frage von alleine."

Und kaum hatte Marion ausgesprochen, da bog der Bruchpilot mit quietschenden Reifen auf den Hof, stellte den Wagen vor ihnen ab, stieg aus und kam zu den Damen herüber.

„Hallo Ladys, nett, euch zusehen", meinte er, schüttelte Dany und Nadine die Hand und drückte Marion eine Kuss auf die Wange. „Wie ich sehe, habe ich Glück und ihr seid noch nicht weg, dann können wir ja zusammen nach Nienburg fahren."

„Wie kommt es, dass du auch nach Nienburg willst?", fragte Dany misstrauisch.

„Ich brauche ein paar Ersatzteile für den Wagen und gestern Abend rief Marion an, und da sie wusste, dass auch ich nach Nienburg muss, fragte sie, ob ich euch fahren möchte. Und ich kann mir nichts Schöneres vorstellen, als euch zu fahren, oder habt ihr etwas dagegen?"

„Eigentlich nicht", meinten die Mädchen, also einigten sie sich darauf, dass sie mit dem Alfa vom Bruchpiloten nach Nienburg fahren würden.

Der Bruchpilot öffnete den Damen galant die Türen und ließ sie einsteigen. Als er dann nun auch auf dem Fahrersitz Platz genommen hat, fragte er, welche Musik den Damen denn gefallen würde.

„Hast du was von Jean Michel Jarre da?“, fragte Nadine.

„Aber sicher“, meinte der Bruchpilot und fing an, nach einer Kassette zu suchen, welches er gefahrlos machen konnte, denn er stand an der Kreuzung und musste erst mal den Verkehr durchlassen. Dann hatte er plötzlich das Gewünschte gefunden und rief, als er dann auf die Straße einbog: „Das Ist die LP OXYGENE, schon etwas älter, aber tierisch gut.“

Und so fuhren die vier mir der Sphärenmusik von Jean Michel Jarre nach Nienburg. Als die Musik nun lief und er sich wieder auf den Verkehr konzentrieren wollte, beugte sich Marion zu ihm herüber und sagte zu ihm: „Es ist aber nett, dass du uns nach Nienburg fährst.“ Und dann gab sie ihm einen Kuss auf die Wange, welches Dany mit einem erschrockenem Ausruf registrierte. „Marion, du sollst den Bruchpiloten nicht vom Autofahren ablenken, denn ich habe keine Lust wegen seinem Fahrstil ins Gras zu beißen, denn zum Grasknabbern bin ich doch eigentlich noch zu jung.“

Dann wandte sich Dany an Nadine und fragte: „Hat sich Werner inzwischen noch einmal bei dir gemeldet?“

„Nee, zum Glück nicht“, meinte sie.

Als sie dann nach einer Weile in Nienburg ankamen und der Bruchpilot den Wagen auf einem Parkplatz bei der Fußgängerzone abgestellt hatte, sagte er zu den Mädchen: „Ich gehe jetzt zu Autobedarf Hoffmann und wenn ich dann fertig bin, komme ich zu eurem Klamottenladen nach, OK?“

Und die Mädchen hatten keine Einwände und so gingen sie getrennte Wege.

Als der Bruchpilot den Laden betrat, ging er gleich auf den Bekittelten hinter dem Tresen zu und sagte zu ihm: „Ich hätte gerne Bremsbeläge, vorn und hinten, für einen Alfa Romeo Alfetta 2,0 Liter. Haben Sie die da?“

Da stellte sich Verkäufer an einen Computer und tippte darauf herum. Nach kurzer Zeit fragte er: „Welches Baujahr ist der Wagen denn?“

Da meinte der Bruchpilot: „EZ. 5/81.“ Und er gab dem Blaukittel sogar noch die Schlüsselnummern aus dem Fahrzeugschein, da war der Kittelträger glücklich.

„OK“, meinte der Blaukittel. „Die haben wir da, einen Moment.“ Und schon wieselte der Verkäufer los und wollte das Gewünschte holen.

Der Bruchpilot schaute sich währenddessen die neuesten Auto-Stereoanlagen an, als die Tür aufging und Werner und Atze den Laden betraten. Sie entdeckten den Bruchpilot sofort, doch ehe sie sich mit ihm beschäftigen konnten, kam der Verkäufer wieder. Der Bruchpilot ging dann sofort zur Kasse, um die Bremsbeläge zu bezahlen.

Da hörte er Werner sagen: „Einmal Kettenspray und drei kleine Dosen Slick 50.“

Und der Bruchpilot dachte im Stillen, „ich hoffe, das dauert mit Werner noch ein bisschen, dann bin ich nämlich weg.“ Dann stürmte er aus dem Geschäft.

Als Werner den Bruchpiloten gehen sah, sagte er zu Atze: „Den wischen wir auf, das Schwein hat mir in Mardorf einen Gasrevolver ins Gesicht gehalten, das soll er büßen, folge ihm.“

Dann schnappte er sich seine Einkäufe, ging zur Kasse und Atze rief er nach: „Ich komme gleich nach.“

Als er dann nun endlich gezahlt hatte, folgte er Richtung Innenstadt. Keine 500 Meter weiter sah er dann Atze vor einer Boutique stehen und er gesellte sich zu ihm.

„Na, Atze, wo ist unser Spezi?“

„Hier drin“, meinte Atze und er deutete auf die Eingangstür.

Also blieben die Ghosthunter in der Nähe und warteten auf den Bruchpiloten, der ja irgendwann einmal rauskommen musste.

Unterdessen war der Bruchpilot zu den Mädchen gestoßen,

welche gerade dabei waren, ein paar Klamotten anzuprobieren.

Das zog sich wohl so eine Stunde hin, bis sie sich für etwas entschieden hatten und ihre Sachen bezahlten.

Als sie das Geschäft verließen, sagte Dany zu den anderen: „Da vorn steht Werner und noch so ein Typ."

„So ein Mist", meinte der Bruchpilot. „Sie sind mir also gefolgt. Scheiße, ich glaube, wir kriegen gleich mehr Ärger, als wir vertragen können."

Dann drehte er sich um, um zu schauen ob sie von den Ghosthuntern verfolgt würden. Und wie sollte es anders sein, natürlich stanzten Sie hinter Ihnen her. Dann sagte er zu den Mädchen: „Ich habe uns den Ärger eingebrockt und nun muss ich eben zusehen, wie ich das wieder auslöffle."

„Wieso hast du uns das eingebrockt?", fragte Nadine.

„Als ich vorhin die Bremsbeläge gekauft habe, sind mir die Ghosthunter über den Weg gelaufen. Ich dachte, ich hätte sie abgehängt, aber dem war wohl nicht so."

Dann schaute er sich wieder um und sah, dass die Ghosthunter noch immer hinter ihnen waren.

Also schob er die Mädchen in den Schallplattenladen, an dem sie inzwischen angekommen waren. Als sie drin waren, stellten sie sich vor die Plattenständer und schauten unauffällig raus, ob denn die Ghosthunter vorbeigehen würden. Das taten sie aber nicht.

Unterdessen hatte Marion eine Platte gefunden, die ihr gefiel. Es war die Doppel-LP „Out of the Blue" vom ELECTRIC LIGHT ORCHESTRA.

Da fiel dem Bruchpilot Mr. Roboto von Stxy in die Hände, die griff er sich gleich und drückte Marion einen Zehner in die Hand, denn sie sollte die Platte gleich mit bezahlen.

Also stellten sie sich nun zusammen und der Bruchpilot sagte zu Marion: „Seht ihr zu, dass ihr euch dünne macht. Ich versuche, die Kerle aufzuhalten."

Als Marion das hörte protestierte sie: „Du willst also, dass wir abhauen und dich hierlassen, damit sie dir die Visage verbiegen? Ich denke gar nicht daran, dich hier alleine zu lassen. Wenn wir gehen, dann nur zusammen."

„Du bist wohl wahnsinnig", rief der Bruchpilot." Wenn die uns zusammen schnappen, gibt es Ärger in Massen. Ich gehe davon aus, besser sie verbiegen mir die Visage als euch, bei mir fällt es nicht so auf."

Er reichte Marion die Autoschlüssel und die Bremsbeläge. Dann strebte sie zur Kasse, wo Marion die Platten bezahlte, und der Bruchpilot sagte zu Dany: „Gib mir mal deine Zigaretten."

Das verwunderte Dany doch sehr. „Ich denke, du bist Nichtraucher, oder bist du so nervös, dass du ne Fluppe brauchst?"

„Ne, ich nehme die nur zur Tarnung. Wenn wir zusammen rausgegangen sind, versuche ich mir eine Zigarette anzuzünden, welches aber mangels Feuer nicht geht. Also gehe ich zu Werner und Atze und frage nach Feuer und in der Zeit macht ihr euch aus dem Staub. Ist das klar?"

Als keine Einwände kamen, verließen sie den Laden. Draußen erspähte sie die beiden Schatten und meinte: „Sie sind noch da. Also jetzt gilt es."

Der Bruchpilot ermahnte Marion nur noch einmal, vorsichtig zu fahren denn sein Alfa sei sehr viel stärker als ihre Ente. Sie möge doch die beiden heile in Hirschburg abliefern. Und zu Dany gewandt sagte er: „Du sorgst mir dafür, dass ihr auf dem schnellsten Weg nach Hirschburg fahrt und den anderen Bescheid sagt, was hier läuft. Wenn nichts passiert, rufe ich Linus an, damit ihr mich hier wieder abholen könnt. Und wenn ich nicht anrufe, könnt ihr die Ghosthunter fragen, wo sie mich gelassen haben. Und nun seht zu, dass ihr die Kurve kratzt, denn ich will mich mal mit Werner unterhalten."

Dabei blieb er stehen und machte ein Handzeichen endlich zu verschwinden. Dann drehte er sich um und ging den Weg zurück.

Als nun plötzlich Werner und Atze vor ihm standen, versuchte er, cool zu bleiben, denn er zog sich eine Zigarette aus der Schachtel und fragte Werner: „Werner, hast du mal Feuer?"

Zuerst schauten sich die Ghosthunter Werner und Atze entgeistert an, als der Hirschburger plötzlich vor ihnen stand, doch dann fingen sie sich und Werner sagte zu Atze: „Hast du gehört, was der Bubi will? Feuer will er, das kann er haben."

Und dann kam er ganz langsam auf den Bruchpiloten zu, dem immer unwohler in seiner Haut wurde.

Werner fragte unterdessen: „Wo sind die Mädchen geblieben, mit denen du zusammen warst?"

Und er zog dabei den Bruchpiloten am Kragen zu sich heran. Doch der Bruchpilot ließ sich nicht einschüchtern und antwortete: „Die Mädchen sind weg. Du kannst davon ausgehen, dass sie jetzt auf dem Weg nach Hirschburg sind, um Verstärkung zu holen."

Als Atze das hörte, sagte er grinsend zum Bruchpiloten: „Für dich, mein Freund, wird die Verstärkung aber zu spät kommen."

Dann schob Werner den Bruchpiloten weiter Richtung Parkplatz. Als sie auf demselben angekommen waren, sagte Werner zum Hirschburger: „Du Schwein hast mir eine Knarre ins Gesicht gehalten und mich außerdem noch an den Haaren gezogen und musst verstehen, dass ich das ganz und gar nicht mag."

Der Bruchpilot stand nun am Rande des Parkplatzes, hinter sich eine hell gestrichende Mauer und vor sich die alles andere als gemütlich aussehenden Ghosthunter Werner und Atze. Als Werner die Faust erhob um den Bruchpilot zu schlagen, hielt ihn Atze plötzlich fest und meinte:

„Du weißt doch, Werner, dass wir keine Brillenträger schlagen, also nimm ihm gefälligst die Brille ab."

Welches Werner mit Vergnügen tat, dann reichte er die Brille zu Atze herüber und sagte: „Jetzt steht der Oberbrillie im Dunkeln."

Und bevor der Bruchpilot noch etwas unternehmen konnte, wurde er von Werner kurz angehoben und gegen die Wand geschleudert.

Mit der Schulter und einem Teil der Brust prallte er gegen die Wand. Obwohl er es nicht wollte drang aus seinem Mund ein Schrei, er spürte Schmerzen und sackte zusammen, aber er fiel nicht auf den Boden, denn der harte Klammergriff von Werner in seinem Nacken zwang ihn, in seiner gebückten Haltung zu verharren. Die Schmerzen rumoren in seinem Körper, als er wie durch Watte hörte, wie Atze zu Werner sagte: „Mach ein Ende, ich glaube, es kommt jemand."

Und im selben Moment traf den Bruchpiloten ein wuchtiger Schlag an den Kopf. Als er auf den Boden aufschlug, merkte er es schon nicht mehr, denn er war schon in das dunkle Loch der Bewusstlosigkeit versunken.

Als der Bruchpilot da nun reglos lag, wurde Atze nervös, denn er fragte Werner: „Du hast ihn doch wohl nicht totgeschlagen, Werner?"

Da untersuchte Werner den Bewusstlosen und sagte: „Alles OK, der hat nur einen Blackout, leg die Brille neben ihn und lass uns abhauen."

Als Atze die Brille neben ihm ablegte, sagte er zu Werner: „Ich hoffe, das reicht ihm, wie wir Ihm die Berestaltik verbogen haben."

Dann drehten sich die beiden um und verschwanden.

*

Als sich Dany, Marion und Nadine von dem Bruchpiloten getrennt hatten, liefen sie auf den blauen Alfa des Bruchpiloten zu.

Marion drehte sich noch einmal um und suchte den Bruchpilot, bloß konnte sie ihn nicht mehr sehen und dachte bei sich: „Der geht jetzt wohl Werner entgegen."

Doch plötzlich rief sie die Stimme von Nadine in die Wirklichkeit zurück, die sagte: „Jetzt kannst du ihm auch nicht mehr helfen, also schließ endlich den Wagen auf, damit wir wie besprochen die Kurve kratzen können."

Darauf schloss Marion den Wagen auf, stieg in den Wagen und öffnete die Türen damit die anderen beiden einsteigen konnten.

Dann drängelte sie Nadine nachdem sich alle angeschnallt hatten: „Komm, fahr langsam los, wir sollen doch Verstärkung holen, und wenn du so weiter trödelst machen sie den Bruchpiloten platt."

Das überzeugte Marion, die daraufhin den Motor startete und dann den ersten Gang einlegte und den Motor abbockte. Vom Beifahrersitz aus meinte sie beschwichtigend: „Keine Angst, du schaffst das schon, du musst nur ganz ruhig bleiben."

Also startete Marion wieder und diesmal klappte es besser. Sie ordneten sich in den fließenden Verkehr ein und bemühten sich, so schnell wie möglich die Umgehungsstraße zu erreichen.

Als sie diese dann erreicht hatte, trat sie das Gaspedal Richtung Bodenblech, sodass Dany eingreifen musste. „Marion, bist du eigentlich schon mal 200 Sachen gefahren? Wenn nicht, dann würde ich jetzt auch gar nicht damit anfangen, denn ein Fahrfehler bei der Geschwindigkeit und wir können uns Flügel anmontieren, und das hilft dem Bruchpiloten auch nicht."

Da wurde Marion etwas zivilisierter, was die Geschwindigkeit betraf.

*

Der Bruchpilot lag am Rand des Parkplatzes, als ihn ein älteres Ehepaar fand, das gerade auf dem Weg zu ihrem abgestellten Benz war. Der Mann ging auf den Bruchpiloten zu und schüttelte ihn an der Schulter, was dem gerade Erwachenden große Schmerzen bereitete.

Gerade als ihn der Mann aufrichten wollte, übergab er sich, so schlecht ging es ihm, sodass der Mann aufsprang und zu seiner Frau lief und schimpfte: „So jung und liegt schon am Freitagnachmittag besoffen im Rinnstein, was ist das bloß für eine Jugend heute?“

Dann schloss er den Benz auf, beide stiegen ein und verschwanden.

Der Bruchpilot fiel währenddessen wieder auf den Boden zurück und lag in einem völlig apathischen Zustand da. Er spürte kaum Schmerzen oder sonst irgendetwas anderes, bis er wieder bewusstlos wurde.

*

Bei der Powerstation in Hirschburg angekommen, war Marion so aufgeregt, dass sie eine alte Blechtonne umfuhr, welche dann mit Getöse umfiel. Dann rissen Sie synchron die Türen auf und liefen in die Powerstation.

Doch ehe sie den Eingang erreichten, wurde die Tür von innen aufgestoßen und Doyle schaute heraus. Zuerst sah er die umgestürzte Blechtonne dann den Alfa vom Bruchpiloten und dann die Mädchen. Als er das geistig verdaut hatte, guckte er ganz verdutzt aus der Wäsche. Doch ehe er sie irgendwas fragen konnte, stürmten sie in die Powerstation und fragten den anwesenden Linus: „Wie lange bist du schon hier? Hat sich der Bruchpilot bei dir gemeldet?“

Zuerst schaute Linus sie verwundert an und sagte dann: „Ich bin wohl seit einer Stunde hier und der Bruchpilot hat sich bei mir noch nicht gemeldet, Warum fragt ihr? Ist was passiert?“

Und Doyle fragte die Mädchen verwundert: „Wie kommt ihr denn an den Alfa vom Bruchpiloten? Wo ist der Bruchpilot?“

Inzwischen standen Dany, Nadine, Marion und der Rest der Anwesenden zusammen und Dany führte dann aus: „Wir, das sind ich, Marion, Nadine und der Bruchpilot, sind vorhin nach Nienburg gefahren, um einzukaufen. Danach haben wir Werner und Atze von den Ghosthuntern getroffen, die scheinbar wieder Ärger machen wollten.“

Und als Dany das sagte, schüttelte Marion nur frustriert mit dem Kopf und sprach dann für Dany weiter: „Als uns die Dumpfnasen durch die halbe Stadt gescheucht hatten, kam der Bruchpilot auf die Idee, uns drei nach Hause zu schicken, während er die beiden Ghosthunter beschäftigt und uns dadurch den Rücken freihält. Er hat gesagt, er ruft bei dir an“, und Marion deutete dabei auf Linus, „wenn ihm nichts passiert sei und wenn er sich nicht meldet, dann sollen wir mit Verstärkung nach Nienburg kommen.“

Als Bodie das hörte, rief er aus: „Doyle, Linus und Dany, kommt, wir machen uns auf den Weg nach Nienburg, wir wollen sehen, was da noch zu retten ist.“

Dann lief er zu Marion und fragte sie nach dem Zündschlüssel für den Alfa vom Bruchpiloten, denn die Alfetta war mit Abstand der größte Wagen, den die Hirschburger zur Verfügung hatten. Also gab Marion Bodie den Zündschlüssel und die vier machten sich auf den Weg.

Bodie schoss mit quietschenden Reifen vom Hof. Als erstes fuhr er zur nächsten Telefonzelle und Linus rief bei sich zu Hause an und fragte nach, ob der Bruchpilot sich bei Ihm gemeldet habe. Doch seine Mutter sagte ihm, dass das nicht der Fall gewesen sei.

Also legte Linus wieder auf und lief zu den anderen und meinte mit versteinertem Gesicht: „Bei mir hat sich keiner gemeldet, also müssen wir mit dem Schlimmsten rechnen.“

Das reichte Bodie und er brannte Vollgas nach Nienburg. Und man muss wirklich sagen, dass Bodie fahren konnte, denn er übertrat so ziemlich jede Vorschrift, die ihm im Wege stand, aber das sehr sicher und zuverlässig. Als ihn Dany darauf ansprach meinte er: „Bleib mal ruhig, Mädchen, Ich habe alles im Griff. Wenn es ein Ticket geben sollte, gehe ich eigentlich davon aus, dass das aus der Portokasse der Powerstation bezahlt wird, es ist ja schließlich ein Notfall.“ und damit war die Geschichte für Bodie gegessen und er brannte mit 180 über die Landstraße.

Und Doyle meinte nur zu Dany: „Bleib locker, Dany, Bodie hat sogar schon ein Fahrsicherheits-Training mitgemacht. Also, wenn der nicht autofahren kann, wer denn dann?“

Darauf wusste Dany nichts zu sagen und Doyle fragte Dany noch einmal: „Der Bruchpilot wollte sich also bei Linus melden, wenn ihm nichts passiert ist, aber da er sich bis jetzt noch nicht bei ihm gemeldet hat, müssen wir davon ausgehen, dass sie den kleinen platt gemacht haben.“

Dann meinte Bodie mit grimmigem Gesicht vom Fahrersitz: „Wenn die dem Kleinen auch nur ein Haar gekrümmt haben, dann gibt es Krieg.“

Unterdessen krachte Bodie in Richtung Nienburg und im Wagen herrschte plötzlich Totenstille und jeder hing seinen Gedanken nach.

*

Zwischenzeitlich waren die Hirschburger in Nienburg angekommen und Sie streben nun unaufhaltsam auf den Parkplatz zu, auf dem sich der Bruchpilot und die Mädels getrennt hatten. Je näher sie dem Parkplatz kamen, desto nervöser wurden sie.

Als sie endlich am Parkplatz ankamen, knallte Bodie den Wagen auf den Bürgersteig, die Türen flogen auf und alle sprangen aus dem Wagen.

Doyle rief: „Kommt, Leute, lasst uns sehen, ob sich der Bruchpilot hier irgendwo rumtreibt. Dany, du suchst den Parkplatz da hinten bei dem Haus ab“, und er deutete in die Richtung, „und du, Linus, nimmst den Mittelteil des Parkplatzes und ich und Bodie suchen hier an der Straße und außerhalb. Dann los.“

Und Sie trennten sich und jeder stratzte in die angegebene Richtung. Sie begannen damit, die ihnen zugewiesenen Bereiche gewissenhaft abzusuchen, es ging so weit, dass Dany sogar nach dem Bruchpiloten rief, doch er meldete sich nicht.

Einige Zeit suchten sie nun ohne Ergebnis, bis Dany sich bis hinten an die Hauswand vorgearbeitet hatte. Dort sah sie den Bruchpiloten auf dem Boden liegen. Zuerst lief sie auf ihn zu, um sich zu vergewissern ob es auch wirklich der Bruchpilot war, doch diesen Weg konnte sie sich sparen, denn sie hatte ihn schon an der Kleidung erkannt.

Als sie nun neben ihm stand und ihn fast in einer Ladung Erbrochenem liegen sah, bekam sie fast einen Schock, und sie rief wie von Sinnen zu den anderen herüber: „Hierher, hier liegt er!" Und sie wedelte wie wild mit den Armen.

Als die anderen Hirschburger das hörten, liefen sie auf dem schnellsten Weg auf die von Dany angezeigte Stelle zu. Bodie lief so schnell, dass ihn fast ein ausparkender VW Passat-Variant über den Haufen fuhr.

Da kloppte Bodie der Karre tüchtig auf das Dach und schon gingen die Rentnerleuchten an und der Fahrer stieg aus. Als er dann aber Bodies muskelbepackte Arme sah, verschwand er und Bodie lief zu den anderen.

Linus war als erster an der Unglücksstelle, der sich sofort neben den Bruchpiloten kniete und versuchte ihn durch Schläge auf die Wange wach zu bekommen. Als auch Doyle bei ihnen eintraf und die Bescherung sah, stammelte er vor Wut kochend: „Diese Schweine haben ihn einfach zusammengekloppt. Wenn ich die in die Finger kriege, dann erkennt die ihre eigene Mutter nicht wieder."

„Da bin ich dabei", meinte Bodie der neben ihm stand.

Unterdessen versuchten Dany und Linus, den Bruchpiloten wachzukriegen, da schaute Dany auf und fragte Bodie: „Bodie, was war denn da drüben schon wieder los? Musste das sein?"

„Aber klar doch", meinte der Angesprochene, „der Typ fährt mich fast über den Haufen und meint als Autofahrer darf er das. So nicht."

„Mensch, habt ihr denn sonst keine anderen Probleme?", meinte Linus. „Der Bruchpilot scheint schon einmal bei Bewusstsein gewesen zu sein.“ Und er deutete dabei auf das Erbrochene. „Wenn so was passiert, kann man eigentlich davon ausgehen, dass er eine Gehirnerschütterung hat.“

Dann schob Bodie Linus bei Seite und begann seinerseits mit der Aufweckaktion. Er scheuerte dem Bruchpiloten dermaßen welche, dass er glühende Wangen bekam, aber die Behandlung zeigte Erfolg. Die Augen des Bruchpiloten begannen zu flackern und er stöhnte zum Steine erweichen. Als Doyle das sah begann er zu jubeln: „Mensch, Bodie, das hast du gut gemacht.“ Und zu Linus sprach er: „Hol den Wagen hierher, Ich habe keine Lust, den Bruchpiloten über den ganzen Parkplatz zu schleppen.“

Also stiefelte Linus mit Dany im Schlepptau los, um den Alfa zu holen. Die ersten zusammenhängenden Worte des Bruchpiloten waren: „Wo bin Ich?“

„In guten Händen“, meinte Bodie, der ihm half aufzustehen. „In besseren als vorhin, wie geht es dir?“

„Lass mir doch die Knochen heil“, sagte der Bruchpilot. „Mir geht es verdammt dreckig. Mein Kopf dröhnt, meine Brust schmerzt bei jedem Atemzug und meine Schulter fühlt sich an wie zertreten, aber sonst geht es mir gut.“

Als er nun so stand und Doyle und Bodie ihn stützten, meinte er: „Geht bloß nicht weg, sonst falle ich um wie ein gefällter Baum.“ Und er schwankte wie ein Betrunkener zwischen den beiden. „Ich kann mich kaum auf den Beinen halten, ich glaube, meine Knie bestehen aus Wackelpudding“, stammelte der Bruchpilot.

In diesem Moment fuhren Linus und Dany vor und sie verfrachteten den Bruchpiloten mit vereinten Kräften ins Auto. Als dann nun alle wieder im Alfa saßen, meinte Doyle: „Es ist wohl besser, wenn wir den Bruchpiloten ins Krankenhaus schaffen, denn der Verdacht auf eine Gehirnerschütterung besteht noch immer. Also, Bodie, gib Gas und ab zu Bollmanns Bastelstube.“

Das Nienburger Bollmanns Krankenhaus wurde im Volksmund gerne als Bollmanns Bastelstube tituliert, nicht schmeichelhaft, aber wird schon seinen Grund haben.

Während der Fahrt brabbelte der Bruchpilot irgendwelches wirres Zeugs, was Bodie zu dem Spruch veranlasste: „Mensch, dem haben die aber ganz schön was auf die Birne gehauen.“ Und er konzentrierte sich wieder auf den Freitagabendverkehr.

Aber Doyle meinte zu den anderen, als sie mal wieder an der Ampel standen: „Das werden die Ghosthunter noch büßen, das bleibt nicht so stehen.“

und er schaute mal wieder nach hinten, wo der Bruchpilot wie ein Schluck Wasser in der Kurve zwischen Linus und Dany saß.

In der Zwischenzeit waren sie dann doch endlich bei Bollmanns Bastelstube angekommen, wo Sie den Bruchpiloten abliefern wollen. Die Türen flogen auf, die Hirschburger verließen den Wagen und Bodie und Doyle nahmen den Bruchpilot in die Mitte und schleppten ihn zur Notaufnahme.

Zum zweiten Mal in dieser Woche betraten Linus und Dany ein Krankenhaus was Dany zu dem Spruch veranlasste: „Ich bin nun schon so oft im Krankenhaus. Ich glaube, ich schule um.“

Als sie nun bei der Notaufnahme Löcher in die Luft schauten, wurde es Bodie nach ein paar Minuten zu bunt und da er heute wohl eine gewisse Grundaggressivität hatte, ging zu der Schwester hinter dem Glas und grummelte zu ihr: „Wenn hier nicht gleich ein Arzt auftaucht, dann werde Ich fürchterlich ungemütlich.“ Und er ballte dabei seine Fäuste.

Doch die Karbolmaus ließ sich nicht beeindrucken.

Plötzlich knallte Bodie wütend mit der flachen Hand gegen das Glas, sodass die Schwester erschrak, und Bodie schrie: „Wenn hier nicht gleich was passiert, dann klatscht es, aber sicher keinen Beifall.“

Da griff die Schwester eingeschüchtert nach dem Telefon und rief nach einem Arzt. Und Bodie kehrte zufrieden zu den anderen zurück. Er meinte zu den anderen: „Seht ihr, man muss den

Leuten nur klarmachen, was man will, dann geht das alles wie von selbst.“ Und er grinste dabei und Doyle klopfte ihm auf die Schulter.

Und kaum saß Bodie, da kam auch schon ein Arzt in Begleitung eines Pflegers und einem Rollbett angewieselt. Schon sprangen die Hirschburger auf und der Arzt meinte: „Seid ihr hier die ungeduldigen Glasklopfer? So etwas mag ich hier überhaupt nicht, ist das klar? Das will ich hier nicht wieder sehen, dass hier die Krankenschwester bedroht wird“, und er fuchtelte mit dem Zeigefinger rum, „sonst lasse ich die Polizei holen. Und nun, was kann ich hier tun?“

Die Hirschburger erzählten, was passiert war, und dann wurde der Bruchpilot auf das Rollbett gepackt und weg war er.

Der Arzt meinte nur noch, dass er den Bruchpiloten auf die Station legen lässt und dass er ihn erst mal richtig untersuchen muss. Ob er nun eine Gehirnerschütterung hatte, würde sich noch zeigen. Dann verschwand er, ließ die Hirschburger stehen und rannte hinter dem Rollbett her.

„Na kommt“, meinte Dany, „lasst uns gehen, hier können wir nichts mehr tun.“

Und dann stiefelten die vier durch die sterilen Flure Richtung Ausgang. Draußen beim Auto angekommen enterten sie den Alfa und Bodie fuhr vorschriftsmäßig und langsam zurück nach Hirschburg.

Doyle griff zum Kassettenrekorder und suchte eine Kassette aus dem Fach, es war „EASTERN WIND“ von Chris de Burg, wo gerade der Titel „Flying Home“ lief.

Und sie fuhren schweigend und frustriert nach Hause. Das war heute doch nun wirklich nicht ihr Tag.

*

In der Zwischenzeit ging es in der Powerstation zu wie in einem Irrenhaus.

Als sich nun zwischenzeitlich auch der Rest der Hirschburger in der Powerstation eingefunden und gehört hatte, was passiert war, warteten sie wie auf Kohlen auf die Rückkehr der anderen.

Mit jeder Minute, die verging, wurden sie nervöser und bei manchen gingen die Zigaretten schon gar nicht mehr aus, denn sie rauchten Kette.

Marion saß schluchzend in der Ecke und machte sich die bittersten Vorwürfe, sodass sie Nadine trösten musste.

Mike kramte in der Fernseh-Ecke in den Videos herum und rief zu Relax, Petmet und Ralf herüber, die am Tisch saßen und beratschlagten: „Sagt mal, wisst ihr vielleicht, wo die neueste Folge von den Profis geblieben ist? Die haben Doyle und Bodie doch sicher aufgezeichnet."

Da sah Nadine empört auf: „Mike ich verstehe dich nicht, wir wissen nicht, wie es dem Bruchpiloten geht, und deine einzige Sorge ist jetzt, Video zu schauen. Du hast wirklich das Feingefühl eines Schlachters. Du solltest dich schämen. „Dann wandte sich Nadine wieder Marion zu und reichte ihr das nächste Taschentuch herüber, denn der Taschentuchverbrauch von Marion war heute schon sehr groß.

Mike unterdessen schlich wie ein geprügelter Hund von dannen und setzte sich zu den anderen.

Relax meinte trocken: „Mike, das hättest du dir wirklich sparen können." Und die anderen stimmten ihm kopfnickend zu.

„Sieh zu, dass du ein bisschen schönes Wetter machst." Und Relax deutete dann auf die Musikanlage. „Leg mal was Beruhigendes auf, das nimmt ein bisschen Frust und Ärger aus der Luft."

„Du hast recht", pflichtete ihm der neben ihm sitzende Petmet bei und er schlug vor, dass Mike „When your Heart is weak" von Cock Robin auflegt, das war so schön sentimental.

Das wollte Mike dann auch gleich tun, doch Ralf hielt ihn am Arm fest und meinte: „Wenn du schon mal stehst, dann nimm auch gleich den Aschenbecher mit, der läuft langsam über."

Und er schob dem verdutzten Mike den Ascher rüber, wo Relax noch schnell seine Fluppe ausdrückte.

Aber da Mike ja etwas gutzumachen hatte, war er folgsam, grapschte sich den Ascher, ging bei der Mülltonne vorbei, schüttete ihn aus und lief dann zum Radiorekorder, um die Musik anzumachen. Erst einmal kramte er eine Weile, bis er das Gewünschte gefunden hatte.

Unterdessen schrie Relax schon wieder nach seinem Aschenbecher und Mike rief zurück: „Ja, gleich, warte noch ein Weilchen, erst lege ich Musik auf dann kriegst du deinen Ascher."

Und dann lief die Musik auch schon und er stand auf, ging wieder zu den anderen und knallte den Aschenbecher auf den Tisch.

Relax zündete sich, nachdem er seine ausgerauchte Fluppe ausgedrückt hatte, eine neue an und meinte: „Das macht mich aber langsam nervös, die brauchen aber lange, um den Bruchpiloten abzuholen. Nach Nienburg und zurück dauert es doch schließlich nicht so lange und wenn ich den Fahrstil von Bodie bedenke, so mache ich mir doch ernstlich Sorgen." Und er schaute dem Zigarettenrauch nach.

„Du hast recht", meinte Ralf und er griff nach der nächsten Zigarette, zündete sie an und fuhr fort: „Aber was ist, wenn sie Ihn gar nicht finden oder noch besser, ihn gar nicht mehr mitbringen können?" Nachdem ihn die anderen ganz sprachlos anschauten meinte er weiter: „Ja, denkt doch mal nach, erinnert ihr euch noch an den Kerl aus Mardorf, den Werner breit gekloppt hat?"

Als ihn die drei immer noch unwissend anschauten, schnippte er die Asche von der Fluppe und sprach: „Ich meine den Kerl, den Werner innerhalb von zwei Minuten krankenhausreif gekloppt hat, der arme Kerl hatte noch nicht einmal Zeit nach Hilfe zu schreien."

Da rief Petmet plötzlich auf: „Mensch, ja. Ich erinnere mich, das war doch da, wo alle dachten, dass man Werner wegen Körperverletzung rankriegt, aber Werners Kumpel haben den Kerl dann so lange eingeschüchtert, bis er die Anzeige zurückgezogen hat, und meinte, er sei volltrunken und wisse nicht mehr, mit wem er sich geprügelt hatte."

Da rief Mike entsetzt auf: „Mensch, Leute malt den Teufel doch nicht an die Wand. Ihr wisst doch ganz genau, dass der Bruchpilot nicht gerade sehr stabil gebaut ist, und wenn ihr recht habt und er ist Werner in die Hände gefallen, dann sehe ich schwarz."

Da sprang Relax plötzlich auf, sodass der Stuhl umfiel und er rief: „Das verdammte Gequatschte geht mir auf den Geist. Ich warte draußen, bis sie wiederkommen."

Dann ging er Richtung Ausgang, um auf die anderen zu warten. Es lief gerade der Titel „Just Around the Corner", immer noch von Cock Robin, als Relax draußen das umgekippte Blechfass aufhob und es dann in der Nähe des Einganges aufstellte und sich daraufsetzte.

Als er da nun saß, zündete er sich erst mal eine neue Fluppe an. Was Ralf, als er das sah, mit den Worten kommentierte: „Der Kerl muss auch andauernd sitzen, der kann wohl überhaupt nicht stehen. Dem hat Gott die Füße auch nur zum Gas geben, kuppeln und bremsen gegeben. Der ist so faul, dass es schon bald wehtut."

Im selben Moment drehte sich Relax zu den dreien um und es sah so aus, als hätte er jedes Wort verstanden. Dann kehrte wieder Ruhe in der Powerstation ein, es lief nur noch die Musik von Band.

Relax saß wohl schon 15 Minuten auf dem Fass und paffte Wolken in die Luft, als er plötzlich aufsprang und rief: „Da kommt der Alfa." Und er deutete in Richtung Straße, wo gerade Bodie mit quietschenden Reifen heranflog.

Alle, die eben noch in der Powerstation saßen, stürmten zum Ausgang und warteten auf den Alfa, der da kam.

Bodie brachte den Alfa vor der Powerstation zum Stehen und dann stiegen die Insassen aus. Oh, Schreck, der Bruchpilot war nicht dabei und schon brach der Tumult los. Alle sprachen durcheinander und das Chaos brach aus. Bis dann endlich Doyle „Ruhe", schrie und plötzlich war dann Ruhe.

„Ehe hier der Irrsinn ausbricht, lasst uns erst mal reingehen und dann gebe ich den Hiergebliebenen einen Bericht." Und während er das sagte, schob er Marion und Nadine in die Powerstation.

Als dann nun alle in der Sitzecke saßen und die ersten Zigaretten angingen, fragte Marion ganz ungeduldig: „Wo ist denn der Bruchpilot? Habt ihr ihn denn nicht gefunden?"

„Gefunden haben wir ihn schon, nur mitbringen konnten wir ihn nicht", meinte Doyle der sich gerade aus dem Kühlschrank bediente und auch Bodie und Mike eine Dose Bier rüber schmiss. Dann zog er die Lasche weg und zischte erst mal ne Ladung Bier weg. Linus antwortete für ihn: „Als wir auf dem Parkplatz ankamen, wo sich der Bruchpilot von den Mädchen getrennt hatte, fingen wir erst mal an den Parkplatz abzusuchen." Dann zog Linus an der Fluppe und sprach weiter: „Tja, nach einiger Zeit hat Dany ihn dann gefunden. Sie müssen den Armen ganz schön verdroschen haben, denn er lag auf dem Parkplatz."

Da fuhr Marion erschrocken auf, die jetzt nun endgültig mit ihren Nerven auf Grundeis war: „Warum lag er denn auf dem Parkplatz, was war passiert?"

Da zerdrückte Bodie die Bierbüchse, schmiss sie Richtung Mülltonne, welche er natürlich verfehlte, fluchte laut polternd rum und meinte dann trocken auf Marions Frage: „Ist wirklich ne dumme Frage, Marion." Dann stand er auf und ging zum Kühlschrank, um sich noch ein Bier zu holen. Während er das tat, sprach er weiter: „Versuch du mal zu stehen, wenn du ohnmächtig bist. Also haben wir versucht, ihn wach zu kriegen, mir tut meine Hand jetzt noch weh, so hab ich ihm welche gescheuert." Dann nahm er erst mal einen tiefen Schluck und sprach weiter: „Die haben den kleinen fürchterlich verdroschen, der hat anscheinend eine Gehirnerschütterung, so hielten wir es für besser, ihn auf dem schnellsten Weg ins Krankenhaus zu schaffen. Und so liegt er nun in Bollmanns Bastelstube. Wir sind leider wieder mal viel zu spät gekommen, dem Bruchpiloten konnten wir nicht mehr zur Hilfe kommen."

Dann zerdrückte er wütend die zweite Bierbüchse und feuerte auch diese in die Ecke.

Da sprang Marion sofort auf und war völlig von der Rolle, sie stammelte unentwegt was von Telefonieren, sodass sie Nadine bei der Hand nahm und mit ihr im nächstbesten Auto verschwand, um zur nächsten Telefonzelle zu fahren, denn Nadine meinte, dass Marion im Moment wohl nicht in der Lage war, Auto zu fahren. Der Rest der Hirschburger blieb unterdessen genervt und deprimiert in ihrer Sitzecke zurück und plünderte den Kühlschrank. Dany begann für die Hirschburger erst mal was zu spachteln herzurichten. Obwohl sie vom Kochen eigentlich keine Ahnung hatte, schaffte sie es meistens, gerade noch Bratkartoffeln, Nudeln oder Pizza herzurichten, und heute Abend waren Spaghetti Napoli dran.

Während Dany kochte, diskutierten die anderen, wie es denn nun weitergehen sollte. Nach einiger Zeit, die Spaghetti waren gerade Al Dente abgegossen worden und Linus deckte gerade den Tisch, da kamen Marion und Nadine wieder.

Marion hatte ziemlich rote, sprich, verheulte Augen, sie sah sehr deprimiert aus. Sofort wurde sie von den anderen bestürmt und sie sollte Rede und Antwort stehen.

Nadine schob Marion auf den nächsten Stuhl, wo Linus gerade das Besteck auf dem Tisch verteilte und Mike der genervten Marion erst mal einen Beruhigungsschluck hinschob, einen doppelten Whisky, und, wie Mike zu sagen pflegte, „der absolut beste Stoff, den die Powerstation zu bieten hat, 51% knallt mächtig". Den zog sich Marion erst mal mit einem verzogenem Gesicht rein und schnappte dann wie ein Fisch nach Luft, der war echt stark.

Dann versammelten sich die Hirschburger um den Tisch, wo Dany gerade die dampfenden Nudeln und die Tomatensoße auf den Tisch stellte, und Nadine fing an zu erzählen: „Ich habe gerade mit dem Arzt gesprochen. Er hat gesagt, er habe ihn untersucht und er kam zu folgendem Ergebnis: Der Bruchpilot hat eine schwere Gehirnerschütterung, einen Bluterguss, eine Stauchung an der linken Schulter und eine starke Prellung an der linken Brustseite. Der Arzt sagt, dass er den Bruchpiloten vorläufig im Krankenhaus behält, bis sich sein Zustand gebessert hat."

Dann schloss Marion ziemlich traurig und Petmet meinte dazu: „Den Bruchpiloten können wir wohl vorläufig abschreiben, der ist außer Gefecht gesetzt. Den haben die Schweine ganz schön fertig gemacht."

Dann verstummte auch er und es herrschte Stille.

Dany forderte alle auf, erst mal die Nudel zu vertilgen und die Zigaretten zu löschen. Das geschah dann auch und die Hirschburger aßen die Nudeln ohne Hunger, Marion stocherte nur in den Nudeln rum und weinte leise vor sich hin, und das Radio spielte ein Lied von Robin Gibb, „Another Lonely Night in New York„.

Nachdem das frustrierende Essen beendet, der Tisch abgeräumt war und sich die Hirschburger geeinigt hatten, dass Mike und Relax das Geschirr abspülten, saß Marion in der Ecke, weinte und stammelte vor sich hin: „Das ist alles meine Schuld."

Als Nadine das hörte, die sich gerade eine Fluppe reinzog, widersprach diese: „Warum ist es denn deine Schuld? Du hast doch gar nichts getan."

„Hätte ich ihn nicht angerufen und gefragt, ob er uns nach Nienburg fährt, wäre das alles nicht passiert."

Da rief Relax von der Spüle herüber, der gerade einen Teller abspülte: „Marion, bleib cool, das hätte jedem von uns zu jeder Zeit passieren können, die scheiß Ghosthunter sind im Moment unberechenbar. Out of control, völlig von der Rolle."

Und Ralf meinte dazu: „Ich finde, Relax hat recht, der Bruchpilot hatte nur Pech, er war zur falschen Zeit am falschen Ort, das ist Schicksal. Kommt, Leute, jetzt müssen wir uns was überlegen, wie wir es den Ghosthuntern heimzahlen. Denkt nach, Leute, wir brauchen eine Idee, das können wir uns nicht gefallen lassen."

Dann endete er, griff nach den Fluppen, die Hirschburger überlegten sich was und Roy Orbison sang „Crying", welch eine Ironie.

Doch während sie drinnen überlegten, was sie tun sollten, schlich sich draußen das Unheil in Gestalt der Ghosthunter an und machte sich über die Autos der Hirschburger her.

Kapitel 5: Die Reifen sind weg

Um auch über die Aktivitäten der Ghosthunter unterrichtet zu sein, machen wir jetzt da weiter, wo wir die beiden Ghosthunter Werner und Atze verlassen haben.

*

Nachdem Werner und Atze den Hirschburger, wie sie so schön zu sagen pflegten; aufgewischt hatten, marschierten sie auf dem schnellsten Weg zu ihren heißen Öfen und fuhren nach Hirschburg zurück.

Werner war richtig high, nach dieser Schlägerei hatte der einen richtigen Kick, der fuhr wie ein Irrer, dem konnte Atze kaum folgen und der fuhr nun wirklich einen heißen Reifen.

Als die beiden nun in Hirschburg ankamen, fuhren sie sofort in ihr Hauptquartier, wo sie auf ihre Kumpane trafen. Nachdem sie sich untereinander begrüßt hatten, sagte Atze, nachdem das erste Bier gemundet hatte: „In Nienburg haben wir einen von den Hirschburgern aufgewischt, der lief uns beim Zubehörfritzen in der Langen Straße über den Weg. Dann traf der sich auch noch mit drei Keulen, übrigens, Nadine war auch dabei, also dachten wir uns, dass man an denen ein Exempel statuieren sollte, also marschierten wir hinter ihnen her, und plötzlich stand diese Brillenschlange vor uns und fragte Werner nach Feuer und das bekam er reichlich.“ Und Atze machte eine eindeutige Handbewegung.“ Der muss jetzt aber ganz schöne Kopfschmerzen haben, bei dem Schlag, dem ihm Werner eingeschenkt hat, bloß so ein Mist, die Tussis sind uns durch die Lappen gegangen, so ein Pech“, meinte Atze und grinste dabei.

Als Smily das hörte, schaute er nachdenklich von seinem Bier auf und fingerte nach einer Zichte. Als er diese nun endlich angekokelt hatte meinte er hintersinnig: „Wenn das mal keinen Ärger gibt.“

Da setzte Werner sein Bier ab und schrie: „Ach, halt die Klappe, Smily. Wieso soll es Ärger geben, die Hirschburger machen wir doch ohne Probleme platt, von denen droht uns keine Gefahr."

Da zuckte Smily eingeschüchtert zurück und antwortete: „Ich meine auch nicht die Hirschburger sondern jemand anderes. Denk mal ein bisschen nach, vielleicht kommst du drauf, wen ich meine."

Aber ehe Werner noch irgendetwas sagen konnte stürmte Ace in die Bude und rief: „Hey, Werner, jetzt ist die Gelegenheit günstig, den Hirschburgern die Reifen zu klauen, denn die Hirschburger sitzen in ihrer Bude und die Autos stehen mutterseelenallein davor."

Da fing Werner an zu grinsen, fletschte mit den Zähnen und meinte: „O.K. dann los." Dann zog er Wolle von seinem Stuhl, schob ihn Richtung Ausgang und rief ihm nach: „Wolle, du fährst sofort zu den Hirschburgern, passt auf, ob sich bei denen was tut und gibst bei Bedarf Bescheid." Dann gab er Wolle einen Klaps auf die Schulter und rief ihm „Vaya con dios, gehe mit Gott, aber gehe endlich" nach. Zu den anderen sagte er: „So und ich werde jetzt zum Riser fahren und sehe zu, den Transporter zu bekommen, und dann treffen wir uns wieder hier und starten die Aktion Reifenklau." So schloss Werner, schnappte sich seine Lederjacke und den Helm und sprang auf seine Honda und rauschte ab. Im Geheimen hielt sich Werner für einen Volltrottel denn jetzt musste er ausgerechnet den ganzen Weg nach Nienburg zurückfahren, denn der Riser wohnt in einem kleine Kuhdorf bei Nienburg, das hätte er auch einfacher haben können.

Der Riser wohnte in einem Mehrfamilienhaus, in einem kleinen Appartement. Die Wohnungen lagen über den Garagen und die unteren Wohnungen hatten einen großen Balkon, die oberen einen kleinen.

Soviel Werner wusste, hatte der Riser eine von den unteren Wohnungen und auf einem dieser Balkone kletterte gerade, als

Werner sein Motorrad vor der Garage vom Riser abstellte, eine Katze umher. Das kratzte Werner aber nicht weiter und er ging einmal um das Haus herum, um zum Eingang zu kommen. Nachdem er geklingelt hatte, öffnete sich die Tür und der Riser stand vor ihm, in Jeans, Hemd und Stiefeln. Er war rund 1,80 groß, entspannte 22, hatte lange braune Haare, grau-grüne Augen (er trug Kontaktlinsen) und hatte ewig ein spöttisches Lächeln im Gesicht, in welchem auch ein kleiner dunkler Leberfleck auf der rechten Wange war, der aber kaum auffiel.

Er entschuldigte sich erst einmal bei Werner, dass es so lange gedauert hat: „Tut mir leid Werner, es ging nicht schneller. Ich musste erst mal die Kontaktlinsen rein schmeißen, kannst Benny zu mir sagen."

Dann schüttelten sich die beiden die Hände und der Riser fragte, was Werner denn für ein Problem hatte.

Da meinte Werner, dass es um den Transporter des Risers ging, darauf meinte der Riser nur: „Den Transporter fahre ich nicht mehr, den tritt jetzt mein Alter. Ich fahre jetzt Manta. So müsste Ich mal telefonieren und nachfragen, gehe du schon mal vor die Garage, Ich komme durch den Keller gleich nach."

Dann drehte er sich um und schloss die Tür und Werner stranzte über den Rasen wieder auf die Rückseite des Hauses. Dort angekommen, wartete er ungeduldig einige Minuten. Da lief ihm plötzlich eine Katze vor die Füße und er murmelte: „Diese scheiß Katzenviecher rennen auch überall herum."

Dann hob er den Fuß und holte aus um der Katze einen Tritt zu verpassen, doch auf eines hatte er nicht geachtet. Es war der Riser, der gerade aus der Garage trat, dessen Tor sich durch einen automatischen Öffner sehr leise öffnete, was Werner nicht mitbekam.

Als der Riser, sah wie Werner die Katze treten wollte, flüsterte er grimmig: „Du dumme Sau, versuche es ruhig."

Und dann stand er hinter Werner und trat diesem in dem Moment das Standbein weg, als er die Katze treten wollte. Und so kam es, dass sich Werner plötzlich der Länge nach im Dreck wiederfand. Noch ehe sich Werner von dem Schreck erholt hatte, trat der Riser auf ihn zu, stellte ihm seinen Stiefel auf die Brust und drückte ihn zurück in den Dreck, und während er das tat, nahm er die Katze auf den Arm und streichelte sie.

Dabei meinte er ganz beiläufig zu Werner: „Du wirst mir von Tag zu Tag unsympathischer. Ich möchte dir nur sagen das, dass das mein Clarence ist, den du da gerade treten wolltest. Und ich will dir mal eins sagen, wenn ich eins hasse, dann ist es, dass man sich an Schwächeren vergreift. Ist das klar?“

Dann nahm er den Fuß von Werners Brust, der sich langsam aus dem Dreck erhob. Als dieser nun wütend seine Kleidung abklopfte und den Riser mit tödlichen Blicken bedachte, sagte dieser cool zu Werner: „Versuch ruhig, dich auf mich zu stürzen, mich wirst du locker schaffen, aber wenn mein Boss Dirty Harry kommt, hast du nichts mehr zu lachen.“ Dann grinste er und meinte: „Der haut dir den Kopf zwischen den Ohren weg. Dirty Harry wartet nur darauf, euch endlich die Kutten und den Namen Ghosthunter abzunehmen. Er hat inzwischen eingesehen, dass es ein Fehler war, dir die Untersektion der Ghosthunter in Hirschburg zu übertragen. Ihr habt versprechen müssen, den Namen und das Ansehen der Ghosthunter nicht zu schädigen, aber leider haltet ihr euch nicht daran, also pass auf und sei vorsichtig mit jeder deiner Aktionen, denn wir warten nur darauf, euch einzupacken.“ Und er machte eine eindeutige Handbewegung.

Dann ließ der Riser seine Katze laufen und lehnte sich an seinen Opel Manta 400, der in der Garage stand, daneben eine dicke Kawasaki.

Werner musste nach dieser unverhohlenen Drohung erst mal schlucken, doch dann sagte er kleinlaut: „Ich bin eigentlich nicht hergekommen, um mir von dir die Leviten lesen zu lassen. Ich wollte dich eigentlich nur fragen, ob du uns nicht mal behilflich sein kannst?“

Da zog der Riser nur die rechte Augenbraue hoch und fragte Werner: „Inwiefern soll ich euch behilflich sein? Habt ihr schon wieder Ärger, den ihr alleine nicht bewältigen könnt? Vielleicht wieder Stress mit Wachtmeister Müller-Lüdenscheid, meinem ganz speziellem Kumpel?“

„Nee, nee“, antwortete Werner schnell, „das hat nichts mit den Bullen zu tun. Wir brauchen nur mal den Transporter, denn wir wollen den Hirschburgern eins auswischen.“

Da wurde der Riser hellhörig: „Das mit dem Transporter klappt, ich habe meinen Alten gefragt, was habt ihr euch eigentlich vorgestellt? Du weißt, mit Gewalt läuft hier nichts, ist das klar?“

„Ja, ja, ist schon klar“, erwiderte Werner. „Wir haben nur vor denen die Antriebsräder von den Autos zu klauen, das ist alles. Und du sollst sie in Sicherheit bringen, das ist alles.“

„Das ist alles“, antwortete der Riser entgeistert. „Das ist Diebstahl, möchte ich dir nur sagen, und bei so was mache ich nicht mit, Basta.“

Dann drehte sich der Riser um und wollte gehen, doch Werner lief hinter ihm her und hielt ihn an der Schulter fest. „Mensch, bleib doch stehen“, meinte er, „Du kannst mich hier doch nicht einfach stehen lassen, was soll ich meinen Kumpels sagen?“

„Tja“, meinte der Riser, als er stehen blieb. „Ich mache nur unter der Voraussetzung mit, dass die Hirschburger die Reifen vollzählig und unbeschädigt wiederbekommen. Ist das klar? Dann ist es nämlich nur ein dummer Scherz und kein Diebstahl, also, wie soll der Deal ablaufen?“

Da wusste Werner, dass er gewonnen hatte, und erwiderte schnell: „Das mit dem Zurückbringen ist klar, wir wollen den Hirschburgern auch nur einen Denkzettel verpassen, aber lass uns dann langsam aufbrechen, denn die Gelegenheit ist günstig. Aber lass uns erst mal bei mir vorbeischauen, denn wir müssen noch Wagenheber, Unterlegklötze und so weiter holen, ok?“

„Na gut“, meinte der Riser und ging zu seinem roten Manta,

denn er musste seinem Alten ja ein Ersatzauto hinstellen, und Werner stülpte den Helm auf und schlüsselte ab und der Riser hinterher.

*

Als die beiden in Hirschburg ankamen, übernahm der Riser die Führung und der Riser, tauschte den heißen Manta gegen einen langsamen, aber sparsamen Susi-Transporter, aber er wusste zum Glück, dass sein Alter den Manta eh nicht anrühren würde, der war ihm viel zu unbequem.

Als die beiden dann nun auch bei Werner vorbei geschaut und die Garage von Werner geplündert und die Wagenheber und Unterlegkeile in der Susi verstaut hatten, fuhren sie weiter Richtung Hauptquartier der Ghosthunter, die in der Imbissbude warteten. Als sie dort Alphaville mit „Big in Japan“ entgegen.

Als erstes fragte Werner Ace, ob sich Wolle schon gemeldet hatte, welches Ace verneinte, und Werner meinte, es sei dann wohl alles klar und die ganze Sippschaft machte sich dann mit Transporter und einigen Motorrädern auf den Weg zur Powerstation. Dass inzwischen die Dämmerung hereinbrach, kam ihnen sehr gelegen, denn im Dunkeln ist gut munkeln.

In Sichtweite der Powerstation wurden sie von Wolle abgefangen, der berichtete Werner: „Vorhin sind ein paar Typen weggefahren, sind aber gleich wiedergekommen, und seitdem ist da Sendepause, es ist so ruhig wie auf dem Friedhof, ich glaube, die stören uns nicht.“

Dann steckten die Ghosthunter ihre Köpfe zusammen und entwarfen einen Schlachtplan, den Werner wie folgt formulierte: „Du, Riser, fährst rückwärts auf die Wagen zu und machst die Seitentür und Heckklappe auf. Dann schnappen sich Ace und Wolle die Wagenheber und bocken die Antriebsachsen auf und Smily und ich schrauben die Dinger ab und Atze und Bernie legen die Unterlegklötze unter die Wagen, ist das klar?“

Dazu gab es nur ein zustimmendes Gemurmel und sie machten sich auf die Socken, um die Aktion zu starten.

Während die Hirschburger drinnen immer noch diskutierten, schlichen sich die Ghosthunter auf die fahrbaren Untersätze der Hirschburger zu und dann ging es los.

Als sie dann neben den Autos standen, winkte Werner dem Riser zu, der auf dieses Handzeichen hin rückwärts auf die Autos zufuhr. Die Heckklappe flog auf, die Seitentür wurde aufgeschoben und dann wurden die Wagenheber unter die ersten Fahrzeuge geschoben, die Schrauben gelöst, denn Felgenschlösser hatte keiner an seinen Rädern, und dann aufgebockt und ruckzuck waren die Reifen runter.

Und ehe man sich versah, standen alle Autos sauber aufgebockt und ohne Antriebsräder da.

Dann flog die Heckklappe leise wieder zu, dann kam der Wagenheber durch die Seitentür geflogen, zu die Bude und der Transporter fuhr mit den Reifen ab.

Auch die Ghosthunter liefen zu ihren Maschinen und brausten vergnügt ab.

Sie fuhren auf dem schnellsten Weg in ihr Hauptquartier, wo sie von Werner den ganzen Abend über eingeladen wurden.

Der Riser bog in Richtung Nienburg ab und dachte sich seinen Teil, aber er nahm sich vor, am nächsten Morgen wieder in Hirschburg zu sein.

*

Während also draußen die Ghosthunter über die Autos herfielen saßen drinnen die Hirschburger und diskutieren sich die Köpfe heiß. Doch kam dabei nicht viel raus und die Luft war durch den Zigarettenqualm zum Schneiden dick, also meinte Bodie: „Leute, lasst uns erst einmal abwarten, bis der Bruchpilot uns erzählt hat, was sich wirklich zugetragen hat. Dann können wir uns immer noch was überlegen.“

Als die anderen dann keinen besseren Vorschlag machten schloss Bodie das Beisammensein, denn er sagte: „Dann lasst uns gehen, es ist schon spät, morgen treffen wir uns hier wieder, also bis denn.“

Dann erhoben sich die Hirschburger, alle elektrischen Geräte wurden ausgeschaltet und dann ging es ab.

Als alle auf dem Vorplatz standen, war es schon Zappenduster, sodass Petmet ein Feuerzeug brauchte, um das Schlüsselloch zu finden, denn er wollte als letzter die Powerstation abschließen.

Als erster saß Linus in seinem Wagen, startete, und als Dany die Beifahrertür schloss, legte er den ersten Gang ein, ließ die Kupplung kommen und nichts passierte. Da muss er ganz schön dumm aus der Wäsche geschaut haben.

Das gleiche passierte auch bei den anderen, kein Wagen rührte sich von der Stelle. Da stieg Petmet aus und lief um seinen Wagen herum. Plötzlich rief er aus: „Da haben uns ein paar Schweine die Reifen geklaut.“

Daraufhin verließen auch die anderen ihre Fahrzeuge und schauten ungläubig aus der Wäsche. Als erste hatte sich Dany vom Schreck erholte, denn sie sprach aus, was alle anderen dachten: „Das waren sicher die Ghosthunter.“

„Aber klaro waren das die Ghosthunter“, meinte Relax. „Die müssen das aber Ruck Zuck gemacht haben, denn keiner von uns hat etwas gemerkt.“

„Das hätte ich denen gar nicht zugetraut“, meinte Nadine, „auf so eine Idee muss man erst mal kommen.“

Da konnten ihr die anderen nur beipflichten. Doch plötzlich fragte Linus: „Wo sind denn die Reifen geblieben? Haben sie die etwa mitgenommen? Lasst uns mal hier in der näheren Umgebung nachschauen, vielleicht haben sie die Reifen hier irgendwo abgelegt.“

Dann liefen einige Hirschburger zu ihren Wagen und schalteten die Scheinwerfer ein, um die nähere Umgebung zu erleuchten. Dann suchten Sie dic Gegend ab, aber ohne Erfolg.

Als sie sich dann wieder bei den Autos versammelten, sagte Marion: „Lasst uns jetzt erst einmal nach Hause gehen und Morgen sehen wir weiter, denn ich glaube nicht, dass die Ghosthunter die Reifen behalten wollen. Die werden schon wieder auftauchen."

Dazu meinte Petmet grimmig: „Hoffentlich, sonst gibt es morgen Hähnchenklein a la Ghosthunter, so wahr ich hier stehe."

Dann mussten die Hirschburger unverrichteter Dinge zu Fuß nach Hause dackeln. Genervt und frustriert, denen hätte in ihrem jetzigen Zustand niemand über den Weg laufen dürfen. Das gäbe eine Katastrophe.

An der nächsten erreichbaren Telefonzelle bestellten sie dann abwechselnd Freunde, Eltern oder andere, die sie abholten, um sie nach Hause zu fahren.

Als letztes wurden dann Bodie und Doyle abgeholt, ihre Mutter hatte es vorgezogen, sie abzuholen, ihr Mann musste das nicht wirklich wissen, dass seine Stammhalter ohne fahrbaren Untersatz dastanden, übrigens tat sie das mit dem Escort RS 2000 von Doyle, den sie jetzt von ihrem Sohn übernommen hatte, ihr Golf war ihr einfach zu deutsch, sprich langweilig.

*

Am nächsten Morgen war es gegen 8 Uhr, als der Riser wieder Richtung Powerstation fuhr.

Er dachte sich, dass es noch zu früh sei, als dass da schon jemand sei, und da wollte er unbemerkt die Reifen abladen und verschwinden.

Als er dann bei der Powerstation wie am gestrigen Abend rückwärts auf die Autos vor der Powerstation zufuhr, ging plötzlich die Tür auf und ein Mädchen kam heraus.

Vor Schreck brachte der Riser den Transporter ruckartig zum stehen und stieg mit einem flauem Gefühl in der Magengegend aus. Das Mädchen kam auf ihn zu und fragte ihn, als sie bei ihm stand: „Warst du gestern mit dabei, wie man uns die Reifen geklaut hat?“

„Klar“, meinte der Riser verlegen, „Wenn ich nicht dabei gewesen wäre, dann würde ich doch jetzt nicht hier sein, um die Reifen zurückzubringen, oder?“

„Und warum bringst du die Reifen denn jetzt zurück? Ich bin übrigens Marion, ich gehöre seit kurzem auch zu den Hirschburgern.“

„Ich bin der Benny, für meine Kumpel der Riser“, und er reichte Marion artig die Hand und meinte weiter: „Ich dachte eigentlich, dass noch niemand hier ist, und da wollte ich die Reifen unbemerkt abladen.“

„War das von vornherein geplant, dass du die Reifen zurückbringst?“, wurde der Riser gefragt.

„Eigentlich nicht“, meinte dieser, „aber ich habe meine Mithilfe nur unter der Bedingung zugesagt, dass ihr eure Reifen unversehrt wiederbekommt. Dazu gehört auch das Zurückbringen der Reifen.“

Als Marion das hörte, meinte sie nachdenklich: „Wie ich an deiner Kutte sehe, gehörst du zwar auch zu den Ghosthuntern, aber du hast ein anderes Kuttenbild als Werner und seine Konsorten und außerdem müsste es dir noch eigentlich egal sein, ob wir unsere Reifen wiederbekommen.“

Das wies der Riser entrüstet zurück: „Wieso soll mir egal sein, ob ihr eure Reifen kriegt oder nicht? Wir Ghosthunter haben einen Gruppeneid ablegen müssen, welcher lautet: Niemand darf über Gebühr belästigt, geschädigt oder ihm auf sonstige Art Ärger bereitet werden!“ Und dann fuhr er fort: „Und das mit der Kutte hast du gut erkannt. Ich gehöre zu den Steinhuder Ghosthuntern. Wir, die Steinhuder Ghosthunter, haben als Besonderheit zwar alle den gleichen Gruppennamen, aber jeder hat ein persönliches Kuttenbild. Ich habe den Riser als Kuttenbild, geheimnisvoll, gruselig und von einem alten John-Sinclair-Roman entliehen. Die Hirschburger Ghosthunter sind nur eine Schwestergruppe von uns."

Und während der Riser das sagte, zog er sich Handschuhe an, lud die Reifen aus seinem Transporter aus und stapelte sie vor der Powerstation.

Als Marion das hörte, wurde sie traurig und meinte: „Dann scheint ihr euch gar nicht an euren Eid zu halten, denn die Hirschburger machen, was sie wollen."

Da wurde der Riser hellhörig und fragte nach. „Wieso, wir müssen uns alle an gewisse Spielregeln halten, sonst werden wir aus der Gruppe mit Schimpf und Schande ausgeschlossen, ganz einfach."

Da lud Marion den Riser zu einer Tasse Kaffee in die Powerstation ein. Die beiden gingen erst mal herein und setzten sich bei der Küchenzeile an den Tisch und Marion stellte dem Riser einen Becher Kaffee und Dosenmilch hin und im Hintergrund lief Musik, es war „Take a Chance on me" von ABBA.

Dazu sagte der Riser grinsend: „Ich stehe auf ABBA."

Dann schüttelte Marion dem Riser ihr Herz aus: „Warum darf dann Werner und sein Vize mich, meine Freundinnen und meinen Freund durch halb Nienburg verfolgen?"

Da nahm der Riser erst mal einen Schluck Kaffee und meinte: „Dann müsst ihr die beiden wohl provoziert haben."

Als Marion das hörte lachte sie bitter auf: „Wir und die provoziert, dass ich nicht lache. Und als uns der Bruchpilot Zeit zum abhauen verschaffen wollte, haben ihn Werner und Atze verdroschen, das er im Krankenhaus gelandet ist. Und das nennt ihr Rockereid."

Da wurde der Riser plötzlich sehr nachdenklich, rührte in seinem Kaffee rum und lauschte der Musik von ELO, Confusion, als er plötzlich fragte: „Wie heißt der Kerl, den sie verdroschen haben? War das der Bruchpilot?"

„Ja, Bruchpilot, habe ich das nicht gesagt?", erwiderte Marion müde.

„Mit dem Bruchpiloten bin ich zusammen zur Schule gegangen. Wir steckten fast immer zusammen, ich kenne ihn eigentlich ganz gut und ich kann mir nicht vorstellen, dass er sich ernsthaft mit Werner anlegen wollte", meinte der Riser. „Für einen Clinch mit Werner besitzt er überhaupt nicht die körperliche Konstitution."

„Da magst du ja Recht haben", meinte Marion, „Trotzdem hat ihn Werner zusammengekloppt und das ist das einzig Sichere an der Geschichte."

Da rieb sich der Riser die Hände und freute sich diebisch: „Wenn die Geschichte stimmt, dann haben wir endlich einen Grund, Werner und seine Mannen aus unserer Gruppe zu schmeißen und unseren Namen wieder reinzuwaschen.

Ich werde den Bruchpiloten im Krankenhaus anrufen, und wenn er mir die Geschichte bestätigt, bekommt Werner sehr viel Ärger. Wo liegt er eigentlich?"

„In Bollmanns Bastelstube", antwortete Marion.

„O.K., machs gut und danke für den Tipp und den Kaffee, damit hast du mir sehr geholfen."

Dann verabschiedete sich der Riser von Marion, verließ die Powerstation und ließ eine deprimierte Marion zurück.

*

Nachdem der Riser gefahren war, setzte sich Marion wieder an den Tisch, rührte in ihrem Kaffee, wartete auf die anderen Hirschburger und hörte gerade ein Musikstück von den Bee Gees „Jive Talkin", und so trudelten nach und nach die anderen Hirschburger ein. Marion wurde sofort mit Fragen bestürmt.

Petmet fragte sie: „Marion, wie lange sind denn die Reifen schon da? Hast du denn irgendwas gesehen?"

„Klar", meinte Marion. „Ich habe alles gesehen." Aber Sie meinte, erst mal zu warten, bis alle da wären, denn sie wollte die Geschichte ja nicht mehrmals erzählen und dann bot sie den

Anwesenden erst mal einen Kaffee an, was Dany gerne aufnahm und erst mal für Kaffeetassen sorgte.

Als dann Mike, Linus, Dany, Petmet, Bodie und Doyle endlich vollzählig am Kaffeetisch saßen, die eine oder andere Zigarette brannte und im Radio Robert Palmer über „Johnny & Mary" sang, stand Marion auf und sprach zu ihnen: „Vor gut einer halben Stunde kam hier ein Steinhuder Ghosthunter vorbei, wenn ich mich richtig erinnere, hatte der einen ganz komischen Namen, Riser, glaube ich. Der Typ ist ein ziemlich schmales Hemd, genauso schmal wie der Bruchpilot mit langen braunen Haaren, schmalem Gesicht und schwarzem Leder an und einer fürchterlichen Kutte, so mit Patronen vorne dran und einem ekelhaften Bild hinten drauf. Und sie verzog das Gesicht, als hätte sie in eine Zitrone gebissen, und sie lief, während sie das sagte, ruhelos durch die Powerstation.

Ralf, der gerade an seiner Fluppe zog, wandte dann ein: „Ach den Benny kenne ich, auch der ist bei den Steinhudern eine dicke Nummer, Vize oder so was, die nennen ihn Riser, wie es auf seiner Kutte steht. Von dem hat der Bruchpilot den Alfa gekauft. Die kennen sich wirklich gut, die haben in der Schule in einer Sitzbank gesessen, unzertrennlich bis zu dem Tag, wo der eine zu den sogenannten Rockern ging, und der andere, unser Bruchpilot, bei uns landete." Dann drehte sich Ralf zu Doyle und rief zu ihm rüber: „Du musst den doch auch kennen, wir hatten doch schon mal mit dem zu tun."

Da drehte sich Doyle zur Kaffeemaschine, schenkte sich nach, bot den anderen auch Kaffee an, kippte sich Milch in die Tasse, grübelte nach und meinte dann: „Marion, komm, setz dich, du machst mich nervös." Dann sprach er weiter: „Ja, Ralf, du hast recht. Ich kenne den Typen, es ist auch noch gar nicht so lange her, wo ich den kennen gelernt habe. Das war in Uchte auf der ersten Zeltdisco in diesem Jahr, ende April, genau die Nacht des 25. auf den 26. April, von Freitag auf Samstag, wo in Tschernobyl der Atomreaktor hoch ging, das weiß ich daher noch so genau, weil ich am 25. April eine wichtige Studienarbeit abgeben musste, das vergisst man nicht, in dieser Nacht sah der Riser wohl jede menge Sterne." Dann nahm Doyle einen schluck Kaffee und spach weiter: „Da war ich gerade draußen vorm Zelt und habe frische Luft geschnappt, ihr wart drinnen und habt gerockt, da kam so eine halbe Portion mit Kutte raus und ging auf einen aufgemotzten Manta 400 zu. Ich erinnere mich noch so gut daran, weil ich mir die Karre angesehen habe, echt ne geile Kiste, nicht extrem verspoilert, aber cool und der Leistung entsprechend aufgebaut. Der machte also bei dem Manta die Kofferraumklappe auf und holte einen Träger Bier raus, als da so ein paar andere Rocker ohne Kutte kamen und den Kerl angemacht haben, dass er ihnen das Bier rüberwachsen lassen sollte. Das machte der natürlich nicht und in diesem Moment stieß Ralf zu mir und dann drosch einer von denen dem Riser volle Lotte einen Integralhelm ins Gesicht der flog fast über den Wagen so hat es den getroffen."

Da fiel Ihm Ralf ins Wort und sprach weiter: „Wir beide waren wie versteinert, als der so langsam am Manta runterrutschte, und Doyle rief irgendwas. Ich kann mich nicht mehr erinnern, was es war, und wir starteten los. Da gingen die Typen mit dem Träger Bier stiften. Als ich und Doyle bei dem Riser standen, lag er bei seinem Auto und schaute uns völlig leer an. Der reagierte gar nicht mehr, so weg war der und aus der Nase, die war leicht krumm, wohl gebrochen, lief das Blut, der sah fürchterlich aus."

Dann drückte Ralf seine Zigarette aus, schaute etwas ins Leere und trank einen Schluck Kaffee. Da lief den anderen ein Schauer über den Rücken, als sie das hörten, und Dany fragte die beiden:

„Und was ist nun weiter passiert? Was ist dem Riser passiert? Und was war mit diesen anderen Rockern? Habt ihr die denn zur Rechenschaft gezogen? Man kann einem doch nicht einfach einen Helm ins Gesicht kloppen, das ist ja widerlich."

Da stand Doyle auf ging zum Kühlschrank, holte den Scotch Whisky raus, öffnete die Flasche, schüttete sich etwas in den

Kaffee, stellte die Flasche auf den Tisch und sprach weiter:

„Wir brauchten nichts mehr zu unternehmen, das taten andere. Plötzlich wurde ich nämlich zurückgerissen, dass ich fast auf die Nase fiel, und ein Bär von Mann stand vor mir, der war außer sich vor Wut, der stieß auch Ralf weg, ging in die Knie, hob den Riser aus dem Dreck und stammelte immer wieder: Hey Benny, was ist denn? Und tätschelte ihm an der Wange. Als nichts passierte, rief er nach irgendwelchen Leuten und einem Mädchen sagte er, sie sollen sich um den Riser kümmern, der langsam wieder wach wurde. Als ich das gesehen habe bekam ich richtig Angst, dieser Bär stand vor uns, zitterte vor Wut und alsiIch die Fäuste sah, dachte ich, der kloppt uns gleich zu Brei, und ich hob vorsichtshalber die Hände und Ralf tat es mir nach. Dann kreischte uns Dirty Harry, so hieß der Bär, an, dass wir dafür bezahlen würden, niemand fasst seinen Vize an, niemand. Da versuchten wir dem Kerl zu verdeutlichen, dass wir mit der Schlägerei nichts zu tun hatten, und Ralf erzählte dann wie es gewesen ist. Darauf schickte der Bär seine Leute los, sie sollen ihm die Biersäufer bringen, er meinte Rocker mit einer Flasche Becks am Hals."

Da fragte Petmet dazwischen: „Wieso, das verstehe ich nicht, auf der Zeltdisco haben doch viele Rocker Bierflaschen am Hals, was ist denn da so besonders?"

„Ralf, komm, kläre die Ahnungslosen auf", meinte Doyle und trank ein Schluck Kaffeewhisky.

Da sprach der Angesprochene: „Die Sache ist ganz einfach. Im Zelt wurde Herforder Pils im Glas ausgeschenkt. Becks in Flaschen konnten also nur aus dem gestohlenen Träger stammen. Es dauerte nicht lange, da schleppten die Ghosthunter vier Rocker herbei und dann ging es los. Seid mir nicht böse, Einzelheiten möchte ich mir ersparen nur so viel, der Bär hat das Motorrad von dem Helmschläger praktisch mit bloßen Händen auseinander gerissen, ich habe das nie für möglich gehalten, das war unglaublich. Der Helmschläger sah nach dem Amoklauf sehr übel aus, das sage ich euch.“ Und er grinste sich einen, als er das sagte.

Dann begannen die Hirschburger den Tisch abzuräumen und Petmet fragte Marion: „Und dieser Riser war also hier und hat uns die Reifen wieder hergebracht?“

„Ja“, meinte die Angesprochene. „Ich erzählte ihm dann, dass Werner den Bruchpiloten zusammengeschlagen hat. Das machte den Riser sehr nachdenklich, denn er meinte, dass kein Ghosthunter ohne akute Bedrohung jemanden zusammenschlagen darf, das haben sie schwören müssen, und wie es im Moment aussieht, bekommt Werner nicht nur mit uns Ärger, sondern wenn wir Glück haben, auch mit den Steinhuder Ghosthuntern, denn wie mir scheint, haben die hiesigen Ghosthunter gegen irgendwelche Regeln verstoßen.“

Da rief Dany aus der Sitzecke herüber: „Wenn ich das also alles richtig verstanden habe, hat Werner gegen irgendwas verstoßen und bekommt jetzt mit seinen eigenen Rockerkollegen Ärger. Mensch, das wäre ja erste Sahne, dann brauchen wir uns nicht an diesen Pennern die Hände schmutzig machen.“

„Komm, hör auf“, meinte Bodie. „Dany, entspann dich wieder, du glaubst doch nicht im Traum daran, dass die sich gegenseitig die Schädel spalten.“

„Scheißegal“, meinte Relax, „die Reifen sind wieder da und das zählt, also kommt mit, wir bauen die Räder wieder an und sehen dann mal weiter. Denn wenn die draußen gestapelt liegen, hilft uns das nicht.“

Also strebten die Hirschburger mit Werkzeug bewaffnet nach draußen und machten sich an die Arbeit. Und aus dem Lautsprecher der Stereoanlage tönte die Gruppe Queen mit „Radio Ga Ga„.

*

Nachdem der Riser die Reifen abgeliefert hatte, machte er sich auf den Weg, den Transporter gegen seinen Manta zu tauschen, als er auf dem Bürgersteig den Hauptwachtmeister Müller-Lüdenscheid gehen sah, der ihm zuwinkte. Also hielt er an und stieg aus.

„Schönen guten Tag, Herr Hauptwachtmeister“, sprach er den Polizisten an und reichte ihm artig die Pranke. Der Riser hatte ein sehr gutes Verhältnis zu Hirschburger Polizei und ganz besonders zu Hauptwachtmeister Müller-Lüdenscheid der einmal im Schützenverein KK Klein Kaliber der Schießtrainer vom Riser gewesen war.

Der Hauptwachmeister grinste wie ein Honigkuchenpferd, als er die Hand vom Riser ergriff, und meinte: „Ach, Hallo Claus Dieter, ist ja, schön mal wieder was von meinem Lieblings-Rocker zu sehen, wie geht es dir denn?“

„Danke, sehr gut. Ich hoffe, auch Ihnen und der Familie geht es gut. Aber, Hauptwachtmeister, nenne Sie mich doch Benny, machen alle meine Freunde doch auch.“

„Na ja, du und dein Tick mit dem Namen, aber das mit dem Benny hast du mir ja schon früher angeboten“, meinte der Hauptwachtmeister. „Mir und meiner Frau geht es gut, nur unsere Tochter macht uns Ärger, die schleppt mit ihren 20 Jahren immer wieder solche blöden Versager an, obwohl es doch so nette junge Leute gibt.“

Und da wusste der Riser, wie der Hase läuft, und er versuchte schlagartig, das Thema zu wechseln, denn als Schwiegersohn in spe sah er sich dann doch nicht, also fragte er Müller-Lüdenscheid: „Sagen Sie mal, haben Sie in der letzten Zeit vielleicht Ärger mit Werner und seinen Konsorten gehabt, ist Ihnen irgendwas aufgefallen?“

Da kratzte sich Müller-Lüdenscheid am Kinn und antwortete: „Tja, Werner ist kein leichter Fall, so ein bisschen Randale, zu schnelles Fahren und Ähnliches war in letzter Zeit eigentlich normal, also nichts Besonderes, das sind wir hier gewohnt.“

Da bedankte sich der Riser und verabschiedete sich schnell,

ehe ihn Müller-Lüdenscheid noch zum Kaffee einladen konnte. Er schaute also demonstrativ auf die Uhr und meinte, er müsse jetzt aber los, sein Vater wartet auf den Transporter, dann sprang er hinter das Steuer und brauste ab.

Bei seinen Eltern tauschte er die Fahrzeuge und fuhr mit dem Manta auf dem schnellstem Weg nach Hause. Dort zog er sich um, denn er wollte noch zum Gruppentreffen der Steinhuder Ghosthunter fahren.

Als er schon fast aus der Tür war, fiel ihm ein, dass er ja eigentlich noch den Bruchpiloten im Krankenhaus anrufen wollte. Also gesagt getan und nach einiger Zeit hatte er dann auch endlich den Bruchpiloten an der Strippe, und als Sie nun genug über alte Zeiten geplauscht hatten, erzählte der Bruchpilot von seinem Zusammentreffen mit Werner.

Als dann der Wissensdurst des Risers gestillt, war sagte er zum Bruchpiloten: „Dann werd mal schnell wieder gesund und das mit Werner regele ich schon. Und lass dich mal wieder blicken. Ach, und ehe Ich es vergesse, du hast eine sehr süße Freundin, wirklich sehr süß.“

Da hörte er den Bruchpiloten am anderen Ende der Leitung nach Luft schnappen der dann fragte: „Ich habe eine Freundin, woher weißt du das denn schon wieder?“

Da fing der Riser an zu grinsen und meinte: „Das erzähle ich dir, wenn wir uns das nächste Mal sehen. So und nun mach’s gut, ich muss auflegen, ich hab es nämlich eilig, Ciao.“

Dann legte er auf und machte sich auf den Weg, seine Wohnung zu verlassen. Er ging durch den Keller in seine Garage, wo neben dem Manta 400 auch sein Motorrad stand. Es war eine Kawasaki GPZ 750 Turbo in rotschwarz, die sein ganzer Stolz war. Er musste sich zwar ganz schön einschränken, seitdem er diesen 100 PS Dampfhammer und den großen Manta gleichzeitig fuhr, aber er sagte immer, man kann viel Geld über die Brille scheißen, da gebe ich das Geld lieber für meine Fahrzeuge aus, und da er dafür in Vollschicht arbeitete, gönnte er sich das halt einfach.

Also schob er das Motorrad heraus, setzte den Helm auf einen schwarzen Nolan, zog die Handschuhe an, startete die Turbo, knallte Richtung Steinhude und die Sonne brannte vom Himmel.

Kapitel 6 : Dirty Harry wird sauer

Als er nun vor dem Hauptquartier der Steinhuder Ghosthunter ankam, einer alten, leerstehenden Lagerhalle, in der früher mal ein Pleite gegangener Dachdecker seine Baumaterialien gelagert hatte, stellte er seinen Turbo auf den Parkplatz mit der Nummer 2 neben eine 1300 Kawa, nahm den Helm ab und hörte von drinnen Dirty Harry schreien: „Wo ist Benny, diese Plattnuss? Glaubt der denn, wir warten ewig auf ihn?“

Da fühlte sich der Riser befleißigt, die Halle so schnell wie möglich zu betreten, wo inzwischen, so weit er es übersehen konnte, alle Ghosthunter versammelt waren. Als Dirty Harry ihn eintreten sah sprang er aus seinem Sessel auf und schrie: „Der gnädige Herr hat die Stirn hier aufzutauchen.“ Dann zeigte er mit dem Finger auf den Riser, der inzwischen neben ihm stand, und fauchte: „Wo warst du gestern Abend? Wir haben hier gestern den ganzen Abend auf dich gewartet. Wie du dich vielleicht noch dunkel erinnern kannst, wollten wir doch eigentlich ins Kino gehen, du Vollhirne.“

Da stand Dirty Harry nun vor dem Riser, zwei Meter groß, 120 Kilogramm schwer, wobei er immer sagte: Die Liebe geht durch den Magen und ich bekomme viel Liebe. Er hatte schwarze Haare, mittellang mit grauen Augen und einem Gesicht wie ein Pfannkuchen und Händen wie Bratpfannen. Wenn der Riser Dirty Harry die Hand gab, verschwand die Hand von ihm in dieser Riesenpranke.

Sein Alter gab Dirty Harry mit 26 Jahre an und er verdingte sich in Neustadt als KFZ-Mechaniker bei VAG. Als er jetzt so vor dem Riser stand, sah er aus, als ob er kleine Kinder zum Frühstück verspeist, aber der Riser kannte ihn gut genug, um zu wissen, dass dieses Donnerwetter nur von kurzer Dauer war, denn eigentlich war Dirty Harry eine Seele von Mensch.

Um Dirty Harry schnell auf andere Gedanken zu bringen, fragte ihn der Riser nach seiner Freundin, worüber er gerne und ausführlich mit dem Riser quatschte: „Na Harry, wie geht es denn deiner besseren Hälfte?“

Da grinste Harry ihn an, zog den Riser verschwörerisch zu sich heran und sagte zu ihm: „Oh, der geht es gut, du weißt doch, dass sie einen Sauberkeits- und Hygienefimmel hat, oder?“

Der Riser lächtelte zurück und antwortete: „Klar doch, bei der muss man sogar die Schuhe ausziehen, um keinen Dreck in die Wohnung zu schleppen.“

„Ach, du hast doch keine Ahnung“, meinte Harry. „Ich sag dir eins, wenn sie die Bibel geschrieben hätte, dann währen die erste Menschen wohl aus dem Paradies vertrieben worden, da Adam drei Tage lang kein Deo benutzte und weil Eva den Apfel ungewaschen verputzte.“

„Ist es denn so schlimm?“, meinte der Riser schadenfroh.

„Noch viel schlimmer, sie hat auch solche grüne Ansichten wie du weißt und dann fängt Sie in den unmöglichsten Momenten an zu diskutieren, ne echte Müsliesserin.“

Darauf erwiderte der Riser, der sich nur noch mühsam das Lachen verkneifen konnte: „Worüber diskutiert sie denn am liebsten?“

„Sie redet am liebsten über die Atom- und die Neutronenbombe“, meinte Harry. „Sie sagt immer, die Neutronenbombe konnte sich eigentlich nur ein Hirn ausdenken, das alles Biologische für den letzten Dreck hält, den man notfalls mittels eines überdimensionalen Meister Proppers aus der an sich sauberen Betonwüste ex und hopp wegpusten könne und sollte.“

Und da war es dann nun endgültig um die Beherrschung des Risers geschehen und er fing schallend an zu lachen, bis ihm die Tränen kamen. Zuerst schaute ihn Dirty Harry strafend an, aber dann fing auch er an zu lachen.

Unterdessen schauten sie die andern Ghosthunter wie ein paar Idioten an.

Als sich die beiden langsam beruhigt hatten, sagte der Riser zu Dirty Harry: „Harry, ich habe jetzt endlich den Dreh raus, uns von Werner und seinen Chaoten zu trennen."

Als Dirty Harry das hörte, wurde er schlagartig ernst und fragte den Riser: „Wie? Komm, lass es raus."

„Ganz einfach", meinte der Riser, „wir haben alle einen Eid geleistet und die Ghosthunter aus Hirschburg haben es anscheinend nicht nötig, sich daran zu halten, denn sie haben nachweislich ein paar Mal dagegen verstoßen."

Da zog Harry die rechte Augenbraue hoch und fragte lauernd: „Bist du dir da ganz sicher damit? Ich möchte wegen so einem bisschen blauem Dunst nicht meine gute Reputation verlieren. Ist das klar?"

„Keine Angst, das ist alles doppelt abgecheckt, die Beweise sind todsicher, Werner und seine Kumpane sind Geschichte."

Als Harry das hörte, rief er den Rest der Ghosthunter: „Auf, auf, es gibt zu tun, macht euch fertig, wir machen Werner und den Hirschburgern Ghosthuntern einen Besuch, um deren Gesinnung zu überprüfen."

Als die anderen das hörten, brach Jubel aus, denn sie wussten, was es bedeutet, bei jemandem die Gesinnung zu überprüfen. Ärger, Action, Zoff!

Also stürzten sie sich aus dem Hauptquartier und schwangen sich mit Freuden auf ihre Maschinen, einige Hondas, Kawasakis, ein paar Suzuki, eine Yamaha und auch eine Laverda und zwei Moto Guzzis und eine Ducati, eine exklusive Mischung. Action war immer noch die Lieblingsbeschäftigung der Ghosthunter.

Also setzte sich der Riser auf seine 750 Turbo und Dirty Harry rief ihm zu: „Na,wie läuft denn deine neue aufgeblasen Hämoriedenschaukel?"

Da wurde der Riser patzig und fauchte zurück: „Besser als dein auf 1300 ccm aufgebohrter 6 Zylinder Opasessel. Ich würde es an deiner stelle nicht drauf ankommen lassen."

Dann stülpte er den Helm auf und startete die Turbo.

Und auch Dirty Harry startete seinen Sechserpack, setzte den Helm auf und gab das Zeichen zur Abfahrt.

Er fuhr vor, der Riser hinterher und dann folgte der Rest der Steinhuder Ghosthunter, die sich heute wie gesagt als Gesinnungs-Überprüfungs-Inspektoren profilieren wollten.

Nur der kleine Flyer, der Benjamin der Ghosthunter, blieb frustriert im Hauptquartier, um Stallwache zu halten. Er sollte bei so etwas Unschönem nicht dabei sein, meinte Dirty Harry. So ein Mist fand der Flyer und schob sich eine Musikkassette rein. Es lief gerade Drive von den Cars, der Titel lief zu dieser Zeit wohl immer und überall ;-)

*

Inzwischen hatten sich wieder alle Hischburger in der Powerstation versammelt, Bodie, Doyle, Mike und Relax saßen vor der Glotze und schauten sich ein Video von den Profis an.

Dany und Linus kuschelten hinten in der Ecke und Nadine und Ralf waren dabei, Espresso für die ganze Bande zu machen, als Petmet plötzlich schrie: „Mensch, Leute, was ist hier eigentlich los? Der Bruchpilot liegt im Krankenhaus, wo ihn die Ghosthunter hingebracht haben, und wir sitzen hier rum, schauen Video, knutschen uns den Hals voll und schlabbern Espresso. Also, so geht das nicht weiter, wir müssen doch was tun."

Da schaltete Bodie sofort den Videorekorder aus und pflichtete Petmet bei: „Kommt, Leute, lasst uns alle zusammen überlegen, wie wir es den Ghosthuntern heimzahlen können."

Nach einiger Zeit der Diskussion, die nur dadurch unterbrochen wurde, dass Nadine den extrastarken Espresso verteilte, meinte Relax plötzlich: „Hey, Leute, hört mal her, wie wäre das …" Und dann unterbreitete er den anderen seinen Plan, der wie folgt aussah: Sie könnten eine sehr lange und stabile Stahlkette durch die Vorderräder der Motorräder ziehen und mit einen Diskusschloss verschließen und dann weiter bei den Reifen einfach die Luft ablassen.

Da meinte Linus trocken: „Das hört sich ja ganz gut an, aber wie willst du das denn machen? Die lynchen uns, wenn wir ihren Maschinen zu nahe kommen."

Tja, das war wohl das Problem und während sie nun grübelten, rauchten und Espresso tranken, war eigentlich nur die Musik zu hören, Fiction Factory trällerte gerade Feels like heaven … als plötzlich bei Ralf der Groschen fiel und er ausrief: „Ich hab es, wir müssen die Dödel nur ein bisschen ablenken und beschäftigen. Nadine und ich wagen uns einfach in die Höhle des Löwen und lenken sie ein bisschen ab und ihr macht draußen Tabula Rasa."

Da meinte Relax sarkastisch: „Ralf, wie stellst du dir das eigentlich vor, du bist doch für Werner ein rotes Tuch. Wenn der dich sieht, dann rastet der aus, und das könnte schmerzhaft werden."

„Kein Problem", meinte Ralf schmunzelnd, „ich und Nadine machen das schon."

Was Nadine wohl doch nicht glauben konnte. Sie sah aus, als hätte sie ein Bus gestreift, eben nicht sehr glücklich.

Na ja, was soll's, der Vorschlag wurde dann doch angenommen. Mike und Petmet sollten sich auf den Weg machen, die nötige

Kette und das Schloss besorgen, und Doyle und Bodie sollten sich mit dem neuen Capri von Doyle in der Nähe des HQ der Ghosthunter postieren und beobachten, denn, wie Doyle meinte, war sein champagnergoldener Capri noch nicht so bekannt in Hirschburg.

Also machte sich die eine Hälfte der Hirschburger auf den Weg und der Rest der Besatzung bleibt erst mal in der Powerstation, wartete ab und hörte Musik.

*

Während die Hirschburger finstere Rachepläne schmiedeten, feierten die Ghosthunter ihren Sieg über die Hirschburger.

Dies konnten Doyle und Bodie unweit von der Imbissbude beobachten, wo die beiden Position bezogen hatten.

Der Kassettenrekorder spielte gerade „You spin Me Around" von Dead or Alive, als Bodie meinte: „Da hinten kommen noch mehr Rocker." Und er deutete dabei auf die Straße, wo plötzlich ein ganzer Trupp von den Lederjacken- und Kuttenträgern auftauchte.

Als diese den Parkplatz der Imbissbude ansteuerten, sagte Bodie zu Doyle: „Das kann ja heiter werden, denn wenn die da mit den Rockern von Werner gemeinsame Sache machen, ist für uns der Ofen aus, dann können wir einpacken."

Dann sahen die beiden, wie die Rocker in der Imbissbude verschwanden, und plötzlich rief Bodie aus: „Die tragen eine andere Kutte als Werners Typen, das scheinen die Ghosthunter aus Steinhude zu sein, von denen heute Morgen einer unsere Reifen wiedergebracht hat. Du kannst dich doch sicher noch daran erinnern, was Marion uns heute Morgen erzählt hat, oder?"

„Klar doch", meinte Doyle, „Marion hat uns gesagt, dass der Typ ihr gesagt hat, dass es den Steinhuder Ghosthuntern nicht gefällt, wie sich Werner und die Ghosthunter hier präsentieren, und dass er uns helfen wolle."

Und während Bodie am Kassettenrekorder fummelte, schaute er auf und meinte locker: „Wenn wir Glück haben, bekommt Werner jetzt aber schweren Ärger, sodass wir dann nur noch die Trümmer einsammeln müssen. Das wäre es doch."

Und dann verstummten die beiden, um abzuwarten, wie sich das Treffen der beiden Ghosthuntergruppen weiter entwickelte.

*

Nachdem die Steinhuder im HQ von Werners Rockern angekommen waren und das selbige betraten, herrschte unter Werners Leuten plötzlich Totenstille, das einzige, was man hörte, war die Musikbox, wo gerade Phil Lynott und Gerry Moore

„Out in the Fields“ spielten.

Dann aber sagte Smily zu Werner: „Das habe ich gestern mit Ärger gemeint.“ Und dabei deutete er auf die anrückenden Steinhuder.

Noch ehe Werner antworten konnte, schob sich der Riser aus dem Hintergrund an den Tisch von Werner vor und sprach ihn an: „Hallo Werner, ich und meine Freunde sind hier, um die Loyalität und Gesinnung gegenüber Dirty Harry und unseres Eides zu überprüfen.“ Dann senkte er die Stimme und fragte lauernd: „Hast du mir etwas zu sagen?“

„Dir Wichser habe ich gar nichts zu sagen und nun mach, dass du und deine Ärsche endlich die Bude hier räumen, sonst werde ich ungemütlich“, fauchte Werner.

Doch in diesem Moment trat Dirty Harry aus dem Hintergrund hervor und postierte sich vor Werners Tisch, sodass Werner jetzt von dem Riser und Dirty Harry bedrängt wurde. Als Werner das sah, wurde er leichenblass und ihm schwante Böses.

Als Dirty Harry nun vor Werners Tisch stand, griff er plötzlich zu und zog Werner an seinem Kragen über den Tisch zu sich herüber, sodass Werner gleich alle Gläser vom Tisch räumte. Dann sagte Harry gefährlich leise zu Werner: „Du hast meinen Vize einen Wichser genannt und das nehme ich dir übel, aber dass du die Frage, die er dir gestellt hat, nicht beantwortet hast, nehme ich dir noch übler. Werner, deine Tage als Ghosthunter sind gezählt, du hast mich verärgert, unseren guten Namen beschmutzt und den Eid gebrochen. Also für euch ist der Ofen aus!“ Und er machte dabei eine eindeutige Handbewegung, welche wirklich nicht misszuverstehen war.

Als Werner vor Harry und dem Riser stand, fuhr er die beiden pampig an: „Das ist doch alles Quatsch. Ich habe doch unseren Eid nicht gebrochen.“

Dann machte er einen auf cool und blöd, steckte sich eine Zigarette an, blies dem Riser den Rauch ins Gesicht und meine weiter: „Jeder, der sagt, ich hätte den Eid gebrochen, der lügt,

Basta."

Da wurde es dem Riser zu bunt, er schlug Werner die Zigarette aus dem Mund und meinte zu ihm: „Du und Atze", dann deutete er auf Werner und den in der Ecke sitzenden Atze", ihr beiden Helden habt den Bruchpiloten von den Hirschburgern zusammengeschlagen, sodass er heute noch im Krankenhaus liegt."

Dann zog er Dirty Harry zu sich und flüsterte ihm zu: „Der Bruchpilot hat ungefähr meine Statur, da hattet ihr beiden Brecher keine größeren Schwierigkeiten."

Werner grinste die beiden schäbig an und meinte sarkastisch: „Der Hirschburger wollte Streit mit uns und er wollte sich unbedingt mit uns prügeln, wir konnten ihn nicht davon abhalten, es war also, wenn wir es richtig sehen, nichts anderes als Notwehr."

Da knallte beim Riser die Sicherung durch und er drosch dem grinsenden Typen seine Faust ins Gesicht, der dann auch durch die halbe Bude segelte und dabei diverse Tische und Stühle umriss. Dann stand der Riser über ihm, deutete mit dem Finger auf ihn und schrie mit rotem Kopf: „Werner, du Schwein, du lügst, ohne rot zu werden. Kompliment, aber das zieht bei mir nicht. Das mit der Notwehr kannst du deinem Frisör erzählen, aber nicht uns. Ich kenne den Bruchpiloten zu gut, der würde sich nie mit dir und Atze anlegen, dafür schätze ich ihn als viel zu vernünftig ein. Du bist nur sauer, weil dir deine Tussi den Laufpass gegeben hat und zu den Hirschburgern übergelaufen ist."

„Alles Lüge!", schrie Werner und rieb sich sein Kinn. „Alles Lüge, Harry, wem glaubst du eigentlich? Mir oder diesem hysterischen Gnom."

Doch das ließ Harry ganz unbelastet, denn er walzte durch die Bude auf Werner, der noch am Boden lag, zu und räumte erst mal ein paar Stühle und Ghosthunter aus dem Weg. Dann meinte er zu Werner: „Für dich bin ich immer noch Dirty Harry, ist das klar?"

Und dann zog er den nicht gerade leichten Werner an seinem

Schlafittchen zu sich hoch, schaute ihm tief in die Augen und meinte: „Werner, du wirst langsam beleidigend und außerdem ungewöhnlich laut. Ich will dir mal einen Rat auf den Weg geben, frage mich nie wieder, wem ich glauben soll, dem Riser oder dir. Das ist nämlich wirklich eine dumme Frage."

Dann wandte er sich an seine Leute und fragte: „Kumpels, wem soll ich glauben, dem Riser oder dieser Pappnase?"

Da riefen seine Leute im Chor: „Benny, dem Riser!"

Da drehte sich Harry wieder zu Werner um und meinte trocken: „Du hast keine Chance mehr, Werner. Es klatscht gleich, Aber sicher keinen Beifall. Ich bin bei uns der Boss und was ich sage, ist Gesetz. Und der Riser ist mein Vize und auch das, was er sagt, ist Gesetz. Er steht noch ganz weit über dir, und wenn er sagt, dass du den Hirschburger zusammengekloppt hast, dann hast du es getan. Also, was ist die Strafe dafür?", fragte er den Riser.

„Ausschluss aus der Gruppe und abnahme der Kutten."

Und als die Hirschburger das hörten, wurden sie unruhig, und Werner rief: „Nur über meine Leiche kriegt ihr meine Kutte."

Doch das ließ Harry kalt und er baute sich vor Werner auf. „Mit Vergnügen, Werner, wie hättest du es denn gerne?" Und zu den anderen rief er: „Kommt, Leute lasst uns die Kutten einsammeln und uns dann von diesen Arschlöchern verabschieden, Ich habe noch was vor."

Als die Steinhuder Ghosthunter anfingen, die Kutten einzusammeln, versuchten die Ghosthunter, Widerstand zu leisten, doch dieser wurde schnell gebrochen. Hier und da einem aufs Maul oder in die Berestaltik und die Kutten wurden ihnen herübergereicht.

Als fast alle Hirschburger ihre Kutten ausgezogen hatten, blieb nur noch Werner übrig, der eine Kutte trug. Doch da baute sich Harry wieder vor ihm auf und flüsterte: „Du wolltest mir doch als Leiche deine Kutte vererben, also, wie willst du sterben?"

Und da überlegte es sich Werner anders, zog die Kutte aus und reichte sie Dirty Harry rüber. Als allen Hirschburger Ghosthuntern die Kutten und somit auch ihre Identität genommen worden war, sagte der Riser, während er zur Musicbox ging: „Somit sind die Hirschburger Ghosthunter von der Bildfläche verschwunden und mögen sie es auch für immer bleiben."

Dann suchte er auf der Plattentafel der Musicbox nach einer Scheibe und sprach unterdessen weiter: „Ich rate euch, den Namen Ghosthunter nicht mehr zu benutzen, und vor allem, legt euch nie wieder mit uns an, sonst gibt es mehr Ärger als heute." Dann drehte er sich um und meinte: „Haben wir's?"

Als keine Einwände kamen, verließen sie die Bude. Aber erst drückte der Riser die von ihm ausgesuchte Platte in die Musicbox, es war Queen mit „We are the Champions".

Draußen zogen sie sich die Kutten als Trophäen über ihre Kutten, setzten sich auf ihre Maschinen und rauschten nach Steinhude ab. Der Boss immer vorneweg und der Rest hinterher.

*

Währenddessen saßen Bodie und Doyle noch immer im Capri von Doyle und warteten, wie sich die Geschichte in der Imbissbude weiterentwickelte. Der Kassettenrekorder spielte gerade Don Henley mit „Boys of Summer", als die Steinhuder Ghosthunter wieder aus der Imbissbude kamen. Doch bevor sie abfuhren, zogen sich einige von Ihnen Kutten der Hirschburger Ghosthunter über ihre Kutten. Als Doyle das sah, schmunzelte er und sprach: „Ich glaube, Werner hat ziemlichen Ärger bekommen, denn ich kann mir nicht vorstellen, dass er und seine Kumpel die Kutten freiwillig abgegeben haben."

„Ist mir egal", erwiderte Bodie, „je mehr Ärger Werner bekommt, umso besser."

Zwischenzeitlich suchten die Rocker auf ihren Maschinen das Weite, und es hieß weiter warten und Musik hören, wo gerade Chris de Burgh „Getaway" zum Besten gab.

Als Doyle nach weiteren 15 Minuten keine Lust mehr hatte, weiter Musik zu hören, meinte er, dass er sich mal zur Imbissbude herüberschleichen und durchs Fenster lugen würde, um zu schauen, was so lief. Also öffnete er die Autotür und machte sich auf den Weg.

Als er am Fenster angekommen war, lugte er kurz hinein und machte dann schnell einen taktischen Rückzug.

Als er wieder am Auto saß, sagte er zu Bodie: „Die saufen wie die Kesselflicker, die sind nachher so breit, dass sie es noch nicht einmal merken würden, wenn wir denen die Maschinen unter dem Arsch wegklauen würden."

„All Right", meinte Bodie. „Ich glaube, wir haben genug gesehen, lass uns jetzt zu den anderen fahren."

Daraufhin ließ Doyle den Motor des Capri an und fuhr in Richtung Powerstation ab und aus dem Rekorder sang die Gruppe Bananen-Margarine, sprich Bananarama, „Cruel Summer„.

Als sie bei der Powerstation ankamen, warteten die andern schon ungeduldig auf sie. Wie zu hören war, waren alle organisatorische Hürden beseitigt worden und man war fleißig dabei, bei Kaffee, Tee und Zigaretten einen Schlachtplan zu entwerfen.

Nach einiger Zeit der Diskussion stand dieser dann auch bald fest, der wie folgt aussah:

Zuerst sollten Ralf, Relax und Nadine zum Hauptquartier der Ghosthunter fahren, welches Ralf und Nadine dann betreten sollten. Unterdessen sollte Relax mit laufendem Motor vor der Tür warten. Dann sollten drinnen Nadine und Ralf die Ghosthunter ablenken, damit der zweite Teil der Aktion beginnen konnte.

Also, wenn Ralf und Nadine drin wären, sollten dann Petmet, Bodie, Doyle, Mike und Marion vorrücken. Sie sollten sich dann um die Motorräder der Ghosthunter kümmern, während Marion im Wagen sitzen bleiben und den Motor dabei laufen lassen würde.

Die Aufgaben in den Gruppen waren wie folgt verteilt worden:

Während Petmet, Doyle und Bodie die Luft aus den Reifen lassen sollten, blieb für Mike die Aufgabe, die schwere Kette durch die Hinterräder der Motorräder zu ziehen, das sollte möglichst vorsichtig passieren, denn Beschädigungen sollten vermieden werden, und die dann mit einem Diskusschloss verschließen.

Ralf und Nadine sollten sich während der gesamten Aktion in der Nähe der Tür aufhalten, damit sie, wenn es nötig wurde, rechtzeitig die Platte putzen konnten.

Wenn die Aktion gelaufen wäre, sollte Marion mit der Hupe ein Signal geben, damit sich dann wieder alle in Sicherheit würden bringen können.

Als dann die Rollen verteilt waren, verließen die Hirschburger die Powerstation, um es dann endlich hinter sich zu bringen.

Die an der Aktion beteiligten Personen stiegen in die Fahrzeuge und fuhren Richtung HQ von Werners Rockern ab. Einen halben Kilometer vor der Imbissbude trennten sich die Hirschburger. Ralf, Relax und Nadine fuhren vor, um den Hauptangriff zu starten.

Als sie bei der Imbissbude ankamen, betraten Ralf und Nadine diese und Relax wartete wie verabredet mit laufendem Motor.

In der Imbissbude stellten sich Ralf und Nadine so hin, dass sie von den Ghosthuntern nicht zu übersehen waren, und Ralf bestellte erst einmal zwei Cola mit Schuss. Als die Cola kam, bezahlten sie diese sogleich, da sie nicht wussten, ob sie nachher noch Zeit dafür hatten. Sie waren aber immer peinlichst darauf bedacht, in der Nähe der Tür zu bleiben.

Als sich Ralf umdrehte und aus dem Fenster schaute, sah er wie Mike, Bodie, Petmet und Doyle den Alfa des Bruchpiloten verließen, der von Marion gesteuert wurde, und sich dann an den Kisten der Ghosthunter zu schaffen machten. Um die Aufmerksamkeit auf sich zu ziehen rief Ralf zu Werner herüber: „Na Werner hattest du gestern Abend deinen Spaß? Ich jedenfalls habe meinen Spaß gehabt.“

Und er drückte Nadine dabei demonstrativ an sich.
Da schaute Werner schon leicht glasig auf und meinte: „Das geht dich gar nicht an, aber ich will dich ja nicht dumm sterben lassen, auch ich habe gestern Abend meinen Spaß gehabt und ich habe mich dabei köstlich amüsiert.“ Dann brannte er sich erst mal ne Fluppe an und meinte weiter: „Ich habe gehört, euch sind die Reifen abhanden gekommen, ich hoffe nur, dass ihr sie inzwischen wiedergefunden habt.“
Während des Gesprächs von Werner und Ralf schaute Nadine hin und wieder verstohlen aus dem Fenster, um zu sehen, wie weit die anderen waren. Unterdessen beantwortete Ralf die Frage: „Wir haben die Reifen inzwischen wiedergefunden. Hast du vielleicht eine Ahnung, wer uns die Reifen geklaut haben könnte?“
Darauf grinste Werner und meinte hinterhältig: „Ich habe keine Ahnung, aber ich werde mich mal umhören und gebe dir dann das Ergebnis meiner Nachforschungen bekannt.“
Da mischte sich dann auch noch Nadine in das Gespräch ein, die zu Werner sagte: „Ach Werner, ehe ich es vergesse, ich soll mich im Namen des Bruchpiloten dafür bedanken dass du ihm drei Wochen Sonderurlaub verschafft hast.“
Darauf erwiderte Werner gnädig: „Gern geschehen, es war kein Problem. Wenn er mal wieder Sonderurlaub braucht, soll er sich ruhig wieder melden.“
„Werner mir fällt gerade auf das ihr eure Kutten nicht mehr tragt“, bemerkte Ralf. „Wo habt ihr sie denn gelassen? Vielleicht in der Reinigung? Denn bei dem Haufen Scheiße, den ihr sabbert, wäre das kein Wunder.“
Und während Werner noch überlegte, was er erwidern sollte, flüsterte Nadine Ralf zu: „Sie sind draußen gleich fertig, mach also dem Quatsch ein Ende und lass uns abhauen.“
Als Ralf das hörte, schaute er aus dem Fenster und sah, wie sich die Hirschburger anschickten den Wagen, wieder zu besteigen, drum rief er zu Werner rüber: „Also Werner, dann wollen

wir mal ganz unverblümt reden. Wage es nie wieder, einen von den Hirschburgern anzufassen, sonst klapperts im Karton und du Arschloch pass auf, dass du bei der nächsten Gesichtskontrolle nicht aus dem Verkehr gezogen wirst."

Noch ehe sich die Ghosthunter allerdings erheben konnten, ertönte draußen das Hupsignal und schon waren die beiden verschwunden, sprangen in den Wagen von Relax und fuhren ab.

Nachdem die Sturmtruppen der Hirschburger nach der geglückten Aktion wieder in der Powerstation angekommen waren, war der Jubel groß und Nadine begann zu erzählen, was ihr und Ralf widerfahren war: „Ich und Ralf sind also reingegangen und haben Werner in ein Gespräch verwickelt und als es dann hupte, sind wir abgehauen."

Da fragte Ralf schnell mal Mike: „War es denn schwierig, die Motorräder an die Kette zu legen?"

Da meinte Mike cool: „War kein Problem, die Maschinen standen gut in Reihe, ging super. Da ist es schwerer, einem Baby den Schnuller zu klauen."

Dann meinte Petmet in weiser Voraussicht: „Last uns das Zusammensein beenden, denn man kann nicht wissen, ob die Macker von Werner hier noch einmal auftauchen. Die wissen ja schließlich, wo wir zu finden sind."

Da pflichteten ihm die anderen Hirschburger bei und sie verabschiedeten sich und verabredeten untereinander, sich in der Woche zu sehen. Dann schoben sie ab und fuhren in Richtung heimatliche Gefilde.

Nur bei Relax dauerte es etwas länger, denn er löschte das Licht, überprüfte die Halle und schloss ab, und dann fuhr auch er nach Hause.

*

Nachdem Ralf und Nadine die Tür der Imbissbude hinter sich zugeknallt hatten, wollten ein paar von den Ghosthuntern hinter ihnen herlaufen, doch da rief Werner: „Bleibt sitzen und spart euch den Atem, die bekommt ihr so oder so nicht mehr.“ Und kaum hatte er das gesagt, fuhr draußen ein Auto mit quietschenden Reifen ab. Als die Ghosthunter wieder alleine und reichlich getröpfelt dasaßen, grantelte Werner rum: „Ist doch alles scheiße. Kaum packst du mal so einen Typen an und schon steigt einem Dirty Harry aufs Dach. Das ist doch zum Kotzen.“

„Tja“, erwiderte Wolle. „Das war doch eigentlich die logische Konsequenz. Wir haben einen Eid geleistet und wenn du dich noch dunkel daran erinnern magst, haben wir den Eid doch mehr als einmal gebrochen.“ Und während Wolle das sagte, grapschte er sich ne Fluppe aus der Schachtel und zündete sie an. „Dirty Harry konnte doch gar nicht anders“, führte er weiter aus, „als uns aus der Gruppe zu schmeißen, denn sonst hätte er das Gesicht verloren.“

„Klugscheißen kann ich selber“, meinte Werner wütend, „dafür brauche ich dich nicht, Schwachkopf.“ Und dann schrie er wieder nach einem neuen Bier. Dann stand Ace auf und suchte in der Musicbox eine Scheibe, mit der er was anfangen konnte.

Nach ein paar Augenblicken fand er Fleetwood Mac mit „TUSK“, welches er dann drückte. Und dann hörte er, wie Smily Werner ansprach: „Werner, werde hier nicht so ausfallend, du bist doch selber schuld. Du hättest den Riser nicht so anschnauzen sollen, sonst wäre es vielleicht anders ausgegangen. Aber die Quittung hast du ja jetzt bekommen.“ Und er drückt seine Zigarette im Ascher aus und deutete dabei auf Werners leicht geschwollenes Kinn.

Und Werner meinte zerknirscht: „Ja, ja, du hast ja Recht. Ich frage mich aber nur, warum vorhin die Hirschburger hier waren.“ Und er schnorrte Ace um eine Fluppe an und sprach, als die Fluppe brannte, weiter: „Vielleicht haben sie ja was mit dem plötzlichen Auftreten von Dirty Harry und Gefolge hier zu tun.“

„Prost, Werner“, meinte Smily, „und um deine Frage zu beantworten, das kann schon sein, dass da was gedreht wurde, aber da steckt man, wie es so schön heißt, nicht drin."

Da schaute Werner kaum auf und antwortete: „Smily, du bist so schlau, so super schlau das es schon bald weh tut." Doch plötzlich wurde er von Wolle angesprochen: „Werner, was wollen wir jetzt machen?"

„Nichts", meinte der Angesprochene, „ich werde mich jetzt volllaufen lassen, bis ich weiße Mäuse sehe."

Und schon vernichtete er das nächste Bier und die anderen ließen sich nicht lumpen und taten es ihm gleich und je später der Abend, umso voller waren die Zecher. Es wurde an diesem Abend geladen, dass es schon bald auf keine Kuhhaut mehr geht.

Atze und Bernie lagen schon bald mit ganz glasigen Augen unter den Tischen und Werner bestellte fleißig Bier und Korn, sodass der Wirt Angst haben musste, dass es Ihm gleich wieder aus den Ohren rausläuft. Aber auch Wolle, Smily und der Rest hielten fleißig mit, denn auch sie becherten wie die Wilden.

Doch auf einmal bekam Smily einen wahnsinnigen Würfelhusten und er kotzte den gesamten Mageninhalt unter den Tisch, wo gerade Atze dabei war, seinen Rausch auszuschlafen, wobei dieser natürlich die gesamte Ladung abbekam. Danach kam Smily wieder wie ein Scheintoter hoch und soff weiter, denn er hatte jetzt wieder sehr viel Platz im Magen.

Doch langsam wurde die Luft in der Bude von einem unausstehlichen Geruch geschwängert, sodass der Wirt angerannt kam, und als er nun neben den Zechern stand rief er aus: „Es wird Zeit, dass ihr abhaut. Ihr habt glaube ich genug gesoffen." Dann fügte er noch hinzu: „Ich rufe euch jetzt erst mal ein paar Taxis."

Doch als Werner das hörte, lallte er los: „Ta Taxsis brauchen wa doch nich, wir sin dooch aale fix, ooh schitt, wir sin aale fffit. Wir fahn mit unsen Mo... Motoorädern."

Da meinte der Wirt nur: „Ihr seid so blau, dass ihr keine fünf Meter weit kommt. Ich kann euch nicht fahren lassen."

Da rief Werner aus: „Wir un Blauu, dass isch nich lache.“ Dann lallte er Wolle an: „Koom hooch un geh da uff de Line lang. „Und er deutete dabei auf eine Fliesenfuge, die am Tisch vorbeiführte.

Also kämpfte sich Wolle hoch und ging langsam und schwankend auf die Fuge zu und kaum, dass er die Fuge erreicht hatte, da fiel er auch schon auf die Nase.

Da lallte Werner entschuldigend: „Er is wohll müüde,wir fahhn miit de Maschine und "wahe es net, uns dran zu hindern.“ Dann holte er erst mal wieder Luft und lallte weiter: „I will noch wat zu drinken, aaber fixx.“

Da gab es der Wirt auf, ging zur Theke zurück und überlegte. Seine Frau kam auf ihn zu und sprach ihn an: „Wollen sie denn nun endlich gehen? Und hast du denn schon die Taxis gerufen?“

„Das können wir uns sparen“, antwortete ihr Mann. „Wenn ich die Taxis rufe, legen die die Bude in Schutt und Asche, die fahren lieber betrunken mit 100 PS auf zwei Rädern in den Tod.“

„Das können wir nicht zulassen“, meinte Sie. „Wenn etwas passiert, verlieren wir unseren Gewerbeschein und dann können wir einpacken, also rufe die Polizei oder ich tue es.“

„OK“, meinte der Wirt. „Da du mir keine andere Wahl lässt, werde ich dann wohl besser die Polizei rufen.“ Und schon griff er zum Telefonhörer und wählte die Nummer der Polizei. Dort erklärte er sein Anliegen und der Beamte am anderen Ende der Leitung versprach, sofort einen Streifenwagen vorbeizuschicken.

Dann legte der Wirt beruhigt auf und sagte zu seiner Frau: „Ist alles erledigt, die Polizei kommt vorbei, aber lass uns jetzt die Rocker bei Laune halten, sodass es jetzt nicht noch zu einer Schlägerei kommt. Wenn wir sie jetzt richtig abfüllen, haben sie genug damit zu tun, stehen zu bleiben und nicht umzukippen.“ Dann zwinkerte er und sagte weiter: „Und bezahlen sollen sie das ja schließlich am Ende auch.“

Und dann schleppten sie wieder Bier und Korn an die Tische.

*

Zur gleichen Zeit, nur rund fünf Kilometer weiter, stand auf dem Marktplatz von Hirschburg ein Streifenwagen der Polizei. In dem Wagen saßen Hauptwachtmeister Müller-Lüdenscheid und sein neuer Kollege Wachtmeister Leergut und machten gerade eine wohlverdiente Essenspause, als plötzlich das Funkgerät piepte und aus dem Lautsprecher eine Stimme tönte. die sagte: „Rom an Cäsar 2, bitte melden."

Da griff Wachtmeister Leergut nach dem Hörer, da er ja, wie er meinte, ein staatlich geprüfter Muschelheber war. Wachtmeister Leergut war eine dürre, lange Bohnenstange mit rotblondem, schütterem Haar, ca. 25 Jahre alt und frisch von der Polizeischule Nienburg. Er hatte den Rang des Wachtmeisters auch nur aus dem Grunde, dass er eine ausgedehnte Ausbildung hatte und dass er schon als Wachtmeisteranwärter eingestellt worden war.

Also hob er die Muschel und meldete sich: „Hier Cäsar 2, Wachtmeister Leergut am Rohr."

Da dröhnte die Stimme aus dem Lautsprecher: „Soll das eine Meldung sein, Wachmeister Leergut? Fahren Sie sofort in die Jägerstraße zur Imbissbude Zum Fadenkreuz und sehen Sie dort nach dem Rechten. Soweit uns bekannt ist, sitzt dort ein Werner mit seinen Leuten und lässt sich volllaufen. Sie haben dem Wirt unter Androhung von Gewalt verboten, ein paar Taxis zu rufen. Also sorgen Sie da für Ordnung. Ende."

„Alles verstanden", meldete Leergut ins Mikro. „Cleopatra 2 fährt jetzt in die Jägerstraße. Ende." Dann legte er den Hörer wieder auf.

Währenddessen machte Müller-Lüdenscheid seinen Henkelmann zu und hielt Leergut die Suppentasse hin und fragte: „Na,willst du auch mal einen Schluck Bouillon?"

Da schaute ihn Leergut ganz gierig an, grapschte nach der Tasse und meinte: „Aber klar, lass mal rüberwachsen."

Da reichte Müller-Lüdenscheid die Suppe rüber und startete den Wagen.

In diesem Moment nahm Leergut einen Schluck von der Bouillon, doch dann riss er plötzlich die Tür auf und spuckte den Mundinhalt auf den Parkplatz.

Dann rüffelte er Müller-Lüdenscheid: „Das soll Bouillon sein, dass ich nicht lache, was ist das für ein Zeug?"

„Das ist Rindsbouillon", meinte Müller-Lüdenscheid, „von meiner Frau zubereitet." Und während er das sagte, fuhr er los.

„Wenn das Bouillon ist, dann heiß ich Egon", erwiderte Leergut, als er krampfhaft versuchte, sich anzuschnallen.

„Kannst du schon glauben, das ist Rindsbouillon a la Müller-Lüdenscheid, denn ich verfeinere die Bouillon mit einem Schuss Wodka."

Da schaute ihn Wachtmeister Leergut ganz entgeistert an und sagte: „Und das Zeug ziehst du dir im Dienst rein. Lass dich bloß nicht erwischen, wie ist eigentlich das Mischungsverhältnis. Ich tippe mal auf 3 zu 1. Damit meine ich natürlich drei Teile Wodka und ein Teil Bouillon."

„Na ja", meinte Müller-Lüdenscheid, „es geht dich zwar nichts an, aber du liegst schon ganz gut."

Dann verstummte er und fuhr weiter Richtung Einsatzort.

Hauptwachtmeister Müller-Lüdenscheid war ein kleiner, untersetzter Mann mit grau-schwarzen Haaren. Er hatte, wie wir schon wissen, Frau und Tochter und schob schon seit über zehn Jahren Dienst in der Polizeistation Hirschburg. Daher kannte er so ziemlich alle seine Pappenheimer und ganz besonders Werner und seine Konsorten. Plötzlich schnauzte Müller-Lüdenscheid seinen Kollegen an: „Ich wollte dich nur noch mal daran erinnern, dass unser Codename Cäsar 2 und nicht Cleopatra 2 ist, hast du das denn immer noch nicht kapiert?"

Darauf gab der ertappte Leergut kleinlaut zurück: „Wolltest du nicht das Blaulicht und die Sirene einschalten?"

Da schaute ihn Müller-Lüdenscheid nur mitleidig an und antwortete kopfschüttelnd: „Für die paar Kilometer soll ich das Blaulicht und die Sirene anschalten und damit halb Hirschburg aus dem Bett holen? Du bist wohl nicht bei Trost. Wir sollen laut Vorschrift das Blaulicht und die Sirene nur im Notfall einschalten, und mit Verlaub gesagt glaube ich nicht, dass das hier ein Notfall ist."

Dann konzentrierte er sich wieder auf den Verkehr, doch da inzwischen 2:35 Uhr am Sonntagmorgen geworden war, war auf den Straßen nicht viel los. Ganz Hirschburg schien zu schlafen.

Wie man so schön sagte, waren die Bürgersteige schon hochgeklappt und die Mondsichel wurde mit der Stange weitergeschoben. Hirschburg war zu dieser Zeit eigentlich ein totes Kaff. Das einzige, was durch die Nacht schlich, war hier und da ein Hund oder eine Katze.

Dann sprach Müller-Lüdenscheid weiter: „Was hat man dir auf der Polizeischule eigentlich beigebracht? Du kannst dich ja noch nicht einmal richtig melden." Und da Leergut darauf nichts erwiderte, sprach er weiter: „Werner und seine Rocker sind, wenn sie betrunken sind, ganz unberechenbar, also pass ja auf, was du sagst. Versuche nicht James Bond zu spielen und dich mit den Typen anzulegen. Ich bin nämlich nicht besonders scharf drauf, mich mit dieser besoffenen Rockerhorde zu prügeln."

Da grübelte Leergut ein bisschen nach und erwiderte: „Ich werde mich korrekt nach der Dienstanweisung verhalten." Und dann kramte er in der Tasche rum. Nach kurzem Suchen wurde er fündig, er holte ein kleines Buch hervor und sagte dann: „In diesem Buch steht, wie man mit solchen Säcken fertig wird."

Und dann las er vor: „Dienstanweisung über den Umgang mit Säcken und Beuteln. Da Werner ja ein Sack mit Beutel ist, trifft diese Dienstanweisung eigentlich zu, also weiter. Der Wertsack ist ein Beutel, der aufgrund seiner besonderen Verwendung nicht Wertbeutel sondern Wertsack genannt wird, weil sein Inhalt aus mehreren Wertbeuteln besteht, die in den Beutel nicht versackt sondern verbeutelt werden."

Als Hauptwachtmeister Müller-Lüdenscheid das hörte, trat er wie ein wilder auf die Bremse und knallte den Wagen an die Bordsteinkante. Dann wandte er sich an Wachtmeister Leergut und fragte gefährlich leise: „Kannst du mir vielleicht einmal das Büchlein geben?"

Da reichte ihm der Angesprochene das Büchlein rüber und als Müller-Lüdenscheid das Deckblatt sah, glaubte er seinen Augen nicht trauen zu können, denn dort stand „Dienstanweisung und Verlautbarungen der Deutschen Bundespost„.

Da schaute er im ersten Moment völlig entgeistert und fragte dann den Wachtmeister: „Weißt du ganz zufällig was das für ein Büchlein ist?"

„Klar."

Da unterbrach ihn Müller-Lüdenscheid: „Das ist ein Buch mit Vorschriften von der Post, ist dir das klar?"

Da grinste Leergut und meinte: „Sind wir denn hier nicht bei der Post?"

Da tickte der Hauptwachtmeister aus, sprang aus dem Auto und schrie: „Bei der Post, ausgerechnet bei der Post. Wir sind hier bei der Polizei, du verkappter Postbote!"

Doch ehe er sich weiter aufregen konnte, hörte er, wie Wachmeister Leergut anfing, wie ein Pferd wiehernd zu lachen. Da kam er endlich auf den Trichter, dass ihn sein junger Kollege gefoppt hat. Dann stieg er wieder in den Streifenwagen, wo sich unterdessen Wachtmeister Leergut halb totlachte. Als er sich nun langsam beruhigt hatte, sagte Müller-Lüdenscheid zu ihm: „Wenn du mich noch einmal so veräppelst, dann gibt es Ärger, ist das klar?"

Dann startete der Wagen wieder und sie fuhren auch bald in die Jägerstraße ein.

*

Unterdessen waren Werner und seine Kumpane dabei, ihr Saufgelage aufzulösen. Werner rief lallend: „Hey, Leute, lasst uns jetzt nach Huse fahnn.“

Dann holten die letzten, die noch stehen konnten, unterdessen Atze und Bernie unter den Tischen hervor. Danach waren sie schwer damit beschäftigt, die beiden wieder aufzuwecken.

Als Werner neben Atze stand und schnüffelte, sagte er zu ihm: „Mann, was hast du denn gemacht, du stinkst ja wie ein vollgekotztes Göbelbecken.“

Dann gaben sie ihre Deckel ab und wankten aus dem Imbiss hinaus. Als sie bei ihren Maschinen angekommen waren, kam ihnen doch etwas komisch vor. Die Maschinen waren anscheinend alle platt.

Da lallte Smily los: „Die mootoräder haben ja alle platt, Plattfüße, und eingesperrt sind sie ouch noch.“

Dann versuchten die Rocker in ihrem Suffkopf, die Kette von den Rädern zu lösen, doch wie man sich denken konnte, war ihre Aktion nicht mit dem gewünschten Erfolg gekrönt.

In dem Moment, wo Wolle anfing, seine Innereien nach außen zu kehren, kam ein Streifenwagen auf den Parkplatz gefahren. Doch dem wurde zunächst erst mal keine Beachtung geschenkt.

Werner ging erst mal zu Wolle rüber, der mit dem Göbeln fertig war, und sagte mit schwerer Stimme: „Hiermit erkläre ich diesen vollgekotzten Platz zur Sondermülldeponie.“

Dann drehte er sich um und sah die Polizei, schluckte und flüsterte: „Ich wollte saufen, bis ich weiße Mäuse sehe und schon stehen sie da.“ Nun ging er auf Hauptwachmeister Müller-Lüdenscheid zu, der gerade aus dem Streifenwagen stieg, und sprach ihn an: „Ich freue mich, Sie zu sehen. Haben Sie denn nun endlich Ihre Gummiente mit dem Herrn Loriot zu Wasser gelassen?“

Da fing Wolle gleich an zu lachen. Da sagte Werner zu dem Neuen: „Herr Leergut, wenn ich mich nicht irre, oder war es eine Pfandflasche? Oder vielleicht Getränkehändler? Ich kann mir Namen so schlecht merken, mein Name ist Werner.“

Dabei drückte er Wachtmeiser Leergut die schmierige Hand auf die Schulter und ließ ihn an seiner Fahne schnuppern.

Wolle unterdessen lachte sich fast tot, wobei er sich über den Parkplatz rollte.

Zwischenzeitlich hatten sich die Polizisten auf die Situation eingestellt und der Hauptwachmeister sagte: „Das mit der Gummiente möchte ich überhört haben, Werner. Ihr wollt doch wohl so spät in der Nacht keine Randale mehr machen? Oder wollt ihr noch mit euren Maschinen fahren?“

Ehe Werner antworten konnte, stand Wolle auf und stellte sich breitbeinig hin. Doch da lallte Werner los: „Wir und loosfahn, von wegen,wie? Die ham de Maschinen anne Kette gelegt.“

Da ging Wachtmeister Leergut zu den Motorrädern, um das zu kontrollieren. Er besah sich die Lage beim Schein der Taschenlampe und kam dann zu seinem Kollegen zurück.

Dann sagte er ihm: „Mit den Maschinen können Sie nicht mehr fahren, die liegen fest. Angekettet und mit komplett platten Reifen, da geht nichts mehr.“

Da wandte sich Müller-Lüdenscheid an Werner: „Habt ihr eure Maschinen so zugerichtet? Oder habt ihr eine Idee, wer das gewesen sein könnte? Wollt ihr Anzeige machen?“

Doch aus dem Ausdruck in Werners Gesicht konnte der Polizist schließen, dass Werner die Frage gar nicht mehr mitbekommen hatte. Drum ging er zum Streifenwagen und bestellte über Funk ein paar Taxis zu ihrem jetzigen Standort. Dann warteten sie auf die Taxis.

Die Rocker lagen mehr, als sie standen, bis auf Wolle, der stand dort breitbeinig und stramm wie John Wayne in seiner besten Zeit. Als ihn Smily fragte, warum er sich nicht setzen will, antwortete Wolle: „Das geht nicht, ich habe mir vorhin beim Lachen in die Hose gemacht.“

Da fingen die beiden Polizisten an, schadenfroh zu grinsen und die Mondsichel stand kalt am Himmel. Als dann endlich die Taxis kamen, wurden die Rocker darin verladen und nach Hause gefahren.

Dann machten sich auch die beiden Polizisten auf die Socken bzw. auf die Reifen, um ihre Streifenfahrt fortzusetzen. Die Rocker hatten dann zu Hause nichts anderes zu tun, als ihren Rausch auszuschlafen.

Kapitel 7 : Der Riser auf Touren

Da für Sonntag kein Treffen der Hirschburger geplant war, entschied sich Marion, den Bruchpiloten im Krankenhaus zu besuchen. Also packte sie ein paar Kleinigkeiten ein, nahm einige Musikkassetten mit und fuhr bei schönem, aber schwülem Sommerwetter mit dem Alfa des Bruchpiloten zu Bollmanns Bastelstube.

Doch auch Linus, Mike und Dany hatten Langeweile, bis Mike auf die Idee kam, dem Bruchpiloten im Krankenhaus einen Besuch abzustatten. Da die anderen beiden damit einverstanden waren, stiegen sie in den Toyota von Linus und fuhren dann weiter Richtung Nienburg.

Also waren plötzlich Marion, Mike, Linus und Dany auf dem Weg, den Bruchpiloten im Krankenhaus zu besuchen.

*

Der Bruchpilot unterdessen war sauer. Er dachte, er könne im Krankenhaus Urlaub machen, das war aber wohl nichts.

Wecken morgens um 6 Uhr, da hätte er ja gleich zur Arbeit gehen können. Das Essen war unter aller Sau und viel zu wenig und draußen war das schönste Wetter, aber er musste hier drin rumhängen. Aber das schlimmste war, dass sie ihm das Musikhören verbieten wollten, doch das ließ sich der Bruchpilot nicht gefallen und er machte Zoff, bis man sich untereinander einigte, dass er beim Musikhören einen Kopfhörer benutzen sollte.

Da lag er nun in seinem Bett und langweilte sich zu Tode.

Er hatte seinen Kopfhörer aufgesetzt und hörte Modern Talking, die gerade „Cheri Cheri Lady“ spielten.

Er war so in die Musik vertieft, dass er nicht merkte, dass die Tür zu seinem Zimmer geöffnet wurde. Es war Marion, sie hatte nach längerem Suchen endlich einen Parkplatz für den Alfa Romeo gefunden und wollte nun endlich zu dessen Besitzer.

Als sie die Tür öffnete, sah sie den Bruchpiloten mit geschlossenen Augen und mit aufgesetztem Kopfhörer im Bett liegen.

Da schlich sie leise auf ihn zu und gab ihm einen Kuss. Der Bruchpilot unterdessen öffnete die Augen, und als er Marion erkannte, griff er zu und zog sie zu sich herab.

Als die beiden nun so ineinander verschlungen auf dem Bett lagen, stieß Linus die Tür auf und schaute erst mal sehr verdutzt aus der Wäsche, als er die beiden so in flagranti erwischte. Da rief er laut: „Hey, ihr beiden, spielt ihr da gerade Alfa Romeo und Julia?"

Da löste sich Marion erschrocken von dem Bruchpiloten und schaute sich erst mal nach dem Sprecher um. Der Bruchpilot unterdessen setzte den Kopfhörer ab und rief den Neuankömmlingen zu, dass sie reinkommen sollten, der letzte macht die Tür zu.

Als sich die drei dann auf ein paar Stühlen verteilt hatten und Mike dem Bruchpiloten ein paar John-Sinclair-Romane in die Hand gedrückt hatte, fragte Dany den Bruchpiloten: „Sag mal, hast du das Zimmer hier für dich alleine?"

„Klar", antwortete er, „als ich hier gelandet bin lagen wir hier noch zu dritt, aber am Samstag haben Sie die anderen beiden entlassen."

Unterdessen tönte aus dem Kassettenrekorder „Cry" von Godley & Creme. Mike fragte, wie es denn so ging.

„Mir ging es auch schon mal besser", wurde geantwortet. „Wenn es nach mir gehen würde, hätte ich diesen Bau schon lange verlassen, aber der Chefarzt sieht das anders, der will mich noch ein bisschen schmoren lassen." Dann fragte er Marion: „Was gibt es denn Neues in Hirschburg? Hab ich denn irgendwas verpasst?"

„Oh, in Hirschburg ist der Teufel los", antwortete sie. „Zuerst haben uns die Ghosthunter die Räder geklaut. Dann wiederum haben die Hirschburger Ghosthunter mit den Steinhuder Ghosthuntern Zoff gekriegt. Dich muss hier doch einer angerufen haben, oder?“

Da überlegte der Bruchpilot einen Moment und antwortete: „Ja, richtig, Claus Dieter, der Riser, hat mich hier angerufen, und ist sonst noch was passiert?“

Daraufhin antwortete Ihm Dany: „Wir haben uns gestern über die Motorräder der Ghosthunter hergemacht, ihnen eine Kette durch die Reifen gezogen und dann bei allen Reifen die Luft abgelassen, frei nach der Devise, Rache ist süß. Ansonsten ist in Hirschburg nichts weiter passiert.“

Als der Bruchpilot das hörte bekam er ganz große Augen.

Da sagte er zu den anderen: „Mensch da habe ich ja einiges verpasst, habt ihr denn die Reifendiebe erwischt?“

Da schüttelte Mike den Kopf und erwiderte: „Wir wissen zwar, dass es die Hirschburger Ghosthunter waren, aber wir können es ihnen nicht beweisen, denn der Typ, der uns die Reifen gebracht hat, hat nicht gesagt, mit wem er die Reifen gemopst hat.“

„Und wann wollen sie dich wieder auf die Menschheit loslassen?“, fragte Dany den Bruchpiloten.

„Das ist bis jetzt noch immer das Geheimnis des Arztes, mir hat er nur gesagt, dass er mich noch einige Zeit zur Beobachtung hierbehalten möchte.“ Dann wandte er sich an Marion: „Na Mädchen, lebt mein Alfa denn noch? Oder geht es ihm schon genau so schlecht wie deiner Altersschwachen Ente?“

Da stieß ihm Marion in die Seite und zischte zu Ihm rüber: „Von wegen altersschwacher Ente, pass bloß auf, dass sie dich nicht gleich für länger hier behalten, wenn ich erst einmal mit dir fertig bin.“

Da hob der Bruchpilot die Hände und rief: „Ich ergebe mich, ich nehme alles zurück, was ich Abwertendes über deinen überdachten Gartenstuhl gesagt habe.“

Dann zog er Marion zu sich herab und flüsterte Ihr ins Ohr: „Du siehst wirklich entzückend aus, wenn du so wütend bist.“

Doch ehe sie etwas erwidern konnte, wurde die Tür geöffnet und eine Krankenschwester kam herein. Es war eine Walküre in weiß, mindestens 120 kg bei einer Größe von ca. 170 cm mit schwarzen Haaren und kalten dunklen Augen und einem Alter von um die 50. Sie wollte das Beisammensein beenden und die Hirschburger rausschmeißen, sie sülzte was von Ende der Besuchszeit und dass der Patient seine Ruhe braucht.

Da wurde der Bruchpilot grantig: „Damit ich meine Ruhe bekomme. Ich habe schon wieder so viel Ruhe gehabt, dass es mir vorkommt wie in einem Mausoleum. Dann bekommt man nun endlich mal Besuch und Sie schmeißen ihn raus. Das ist ungerecht."

Doch das beirrte die resolute Krankenschwester nicht besonders, denn sie beförderte die Hirschburger mit sanfter Gewalt aus dem Zimmer.

Marion schaffte es gerade noch, dem Bruchpiloten einen Kuss auf die Wange zu geben, als auch sie rausflog.

Mike, Linus und Dany riefen ihm noch ein Ciao zu und waren draußen. Als die Krankenschwester nach einiger Zeit wieder das Zimmer betrat, trafen sie die wütenden Blicke des Bruchpiloten, der demonstrativ den Stecker des Kopfhörers aus dem Kassettenrekorder zog, wo gerade „Forever Autumn" von der Platte The War of the Worlds lief, dann drehte er die Lautstärke voll auf, dass die Krankenschwester fast aus dem Zimmer geblasen wurde. Sie schrie und zetertes als sie die Tür hinter sich schloss, und brabbelte irgendwas von wegen Chefarzt.

Nach kurzer Zeit kam sie mit dem Chefarzt zurück, doch der Bruchpilot hörte wie erlaubt mit Kopfhörer. Zwar konnte der Bruchpilot durch den aufgesetzten Kopfhörer nicht hören, was der Chefarzt zur Krankenschwester sagte, aber er konnte es an ihrem Gesichtsausdruck erkennen, dass sie ganz schön zur Schnecke gemacht wurde.

Wenn Blicke töten könnten, dann wäre der Bruchpilot tot unter die Bettdecke gerutscht. Dann begann der Bruchpilot wieder damit, die Zeit totzuschlagen.

Doch immer, wenn er die Krankenschwester sah, machte er

das berühmte Fuck-off-Zeichen.

Nachdem Linus, Mike, Dany und Marion so unsanft aus dem Zimmer befördert worden waren, machten sie sich auf den Weg zum Parkplatz.

Unterwegs meinte Marion: „Mensch, die Alte hat ja Haare auf den Zähnen."

Darauf meinte Dany ihrerseits: „Von wegen Haare auf den Zähnen, das ist schon Stacheldraht und das nicht wenig."

Als sie nun bei dem Auto von Linus ankamen meinte Mike trocken: „Wenn das nur Stacheldraht wäre. Die Alte frisst auch noch Muttern und Schrauben und wenn die geht, hört man die Blechbüchsen mit Schrauben in ihrem Kopf scheppern."

Da grinsten sich die Hirschburger eins.

Dann trennten sie sich und fuhren ihrer Wege. Marion fuhr nach Hause und Linus, Dany und Mike schwoften noch ein bisschen in der Gegend rum.

*

Ebenfalls am Sonntagnachmittag bei den Steinhuder Ghosthuntern: Einige der Ghosthunter saßen zusammen und hörten Musik oder quatschten rum, als der Riser aufs Gelände kam und seine Turbo auf den Parkplatz Nr.2 abstellte. Der Platz Nr.1 war leer und das gab dem Riser zu denken. Also ging er Richtung Bude und fragte den Flyer, der neben der Tür auf seiner Suzuki GSX 750 Katana saß: „Hallo Fly, hast du Dirty Harry schon gesehen?"

„Nee", meinte der Angesprochene, rutschte von seiner Susi und ging mit dem Riser rein. Drinnen saß schon ein zusammen gewürfelter Haufen Ghosthunter und nach der üblichen Begrüßung ging der Riser zur Stereoanlage und legte eine neuerworbene Kassette ein, es war Robin Gibb mit der LP How old are You. Dann setzte er sich auf seinen Stammplatz und zog sich Kathys Gone rein und trank dazu eine Cola, als plötzlich Dirty

Harry hereinstürmte und sich sofort vor dem Riser aufbaute.

Der Riser sah sofort, dass Dirty Harry etwas auf dem Herzen hatte, drum fragte er besser schnell: „Hallo Harry, wie schaut es aus, was hast du, du siehst sehr betöppelt aus, ist das Finanzamt hinter dir her?"

„Ach", meinte Harry, „lomm mal mit raus, wir müssen uns unterhalten."

Also dackelte Harry raus und der Riser folgsam hinterher und ihm schwante Böses.

Als die beiden nun draußen waren, setzte sich Harry auf seinen Sechszylinder, und als der Riser neben ihm stand, redete er los: „Ich habe gerade Randy Andy von den Intruders getroffen und dann zu allem Überfluss auch noch Fast Freddy von den Power Boosters. Und was meinst du, was Sie wollen? Sie wollen wissen, wann und wo wir unsere Sommer-Fete steigen lassen. Sie meinen, wir fressen uns auf ihren Feten durch und wir machen keine, das geht so nicht, und ich stand da wie bestellt und nicht abgeholt. Sie haben noch gesagt, dass sie bald Bescheid haben möchten, sonst brauchen wir zu Fast Freddys Geburtstagsfete in einem Monat gar nicht aufzutauchen." Da klopfte er dem Riser auf die Schultern und meinte: „Komm, Junge, denke nach, mach den Kopf an, lass die Ideen raus, jetzt ist guter Rat teuer. Du weißt doch, dass die Feten von Fast Freddy immer erste Sahne sind, das dürfen wir nicht verpassen."

Da setzte sich der Riser auf seine Maschine, die neben der von Harry stand und dachte einen Moment nach: „Ich habe vielleicht eine Idee, wir müssen dann wohl nur noch die Clubkasse plündern und den Rest mache Ich. Ist das ein Wort?"

Da sprang Dirty Harry von seiner 1300 und fragte neugierig: „Was ist dir denn jetzt schon wieder eingefallen? Lass mal hören."

Da beschwichtigte ihn der Riser und meinte locker: „Ich will mal sehen ob wir in der Powerstation von den Hirschburgern feiern können. Es ist ein stabiler Bau mit Stromanschluss und viel Platz zum Rocken und Schwofen. Und außerdem macht dieser Bau mehr her als unsere alte Halle oder das alte Gemäuer der Intruder oder der Power Booster. Da ticken wir denen auch gleich noch einen und das ist doch wohl in deinem Interesse, oder?“

Da antwortete Harry sofort: „Klar ist das in meinem Interesse, aber wie willst du denn an den Schuppen kommen, hast du schon eine Idee?“

„Abwarten, ich kenne einen von den Hirschburgern und mit dem werde ich nachher mal etwas abkochen, das kriege ich schon hin. Du musst mir aber freie Hand geben, sonst kann ich für nichts garantieren. Ist das klar?“

„Du hast freie Hand“, antwortet Harry. „Ich hoffe nur, dass dabei was Anständiges rauskommt.“

Da grinste der Riser süffisant „Ich bin dein Vize und du kannst sicher sein, ich lasse dich nicht im Regen stehen.“

Da wollte sich der Riser nun den Helm aufsetzen, als ihn Harry noch mal ansprach: „Benny, ich hätte da noch ein Problem und wollte dich da mal etwas fragen.“

Da legte der Riser den Helm wieder weg und schaute Harry fragend. „Na komm, Harry, lass es raus, was drückt denn noch?“

Da druckste Harryein bisschen rum und sprach dann weiter: „Benny, du bist nicht nur mein Vize, sondern auch so etwas wie der Beichtvater hier in dem Laden, das habe ich inzwischen auch schon gecheckt. Meine Jungs gehen, wenn Sie Probleme haben, zu dir und nicht zu mir, und das hat wohl seinen Grund. Und nun wollte ich dich nun auch mal nach einem Rat fragen, denn ich möchte mal sagen, es ist ein sehr delikates Problem und ich weiß nicht, wen ich sonst fragen sollte.“

Da stand der Riser nun neben ihm und klopfte ihm aufmunternd auf die Schultern: „Komm, lass es raus, was hast du denn für Sorgen?“

Da fühlte sich denn Harry endlich in der Lage, mit seinem Problem rauszurücken: „Also es geht um Folgendes, du kennst doch meine Freundin und ihre Ansichten."

Da nickte der Riser mit dem Kopf und Harry sprach weiter: „Also, es geht um Folgendes: Also, vorhin habe ich dann mit Freddy und Andy bei ein paar Bierchen so ein paar Männergespräche geführt. Die haben dann tierisch auf den Putz gehauen so von wegen, was sie so alles mit ihren Tussis so im Bett treiben, von wegen Französisch usw. Das würde ich ja auch ganz gerne mit meiner Kleinen machen, bloß kriege ich sie nicht dazu. Was soll ich machen, hast du vielleicht ne Idee, dir fällt doch sonst für die anderen immer ein Tipp ein."

Da schüttelte der Riser erst mal mit dem Kopf und meinte dann zu Harry: „Also, Harry, da möchte ich dir mal folgendes sagen. Wer wie Andy und Freddy so über ihre Tussi spricht, die kannst du vergessen. Das sind Aufschneider und Übertreiber, Maulhelden, darauf solltest du nichts geben. Und um darauf zurück zu kommen, was du vielleicht gerne von deiner Kleinen haben möchtest, da sage ich dir: Wenn du sie wirklich liebst, dann dränge und zwinge sie zu nichts. Warte ab und versuche sie behutsam in die von dir gewünschte Richtung zu lenken. Wenn du es richtig machst, hast du irgendwann das, was du dir und vielleicht auch sie sich wünscht."

„Du hast leicht reden", grummelte Harry.

„Sei nicht so ungeduldig", riet Ihm der Riser. „Du weißt doch, wie altmodisch deine Kleine erzogen worden ist. Für die ist Sex doch was Schmutziges und du musst ihr nur beweisen, dass an Sex nun auch gar nichts Schmutziges dran ist, und wenn du Glück hast und sie erst mal richtig Blut geleckt hat, vielleicht geht dann die Post ab. Ok?"

„Na gut", meinte Harry, „Ich versuche es dann mal, wie kommt es eigentlich, dass du dich so gut mit solchen Sachen auskennst? du hast doch im Moment keine Freundin." Dabei klopfte er dem Riser auf die Schulter und bedankte sich.

Der Riser wehrte bescheiden ab und meinte: „Auch wenn man nicht den ganzen Tag mit einem Mädchen rumhängt, sagt das noch lange nicht, dass man nicht irgendwo ne Kleine hat, die man hin und wieder mal sieht, und außerdem genieße ich und schweige. Maulheldentum ist nicht mein Fall."

Dann verabschiedete sich der Riser, denn er meinte, er müsse langsam los, Harry solle den Rest von ihnen grüßen und der Riser zog sich Lederjacke, Helm und Handschuhe an und schwang sich dann wieder auf seine 750 Turbo und schotterte ab.

Er fuhr über die B 6 nach Nienburg, viel Verkehr, aber was interessierte ihn der Verkehr, er beschleunigte einfach alles weg, um den Bruchpiloten im Krankenhaus zu besuchen.

*

Als er in Nienburg auf der Umgehungsstraße ankam, gab er seiner Kawa erst mal Feuer. Als die Tachonadel sich so langsam bei 220 km/h eingependelt hatte, schien es, als gehörte ihm die Überholspur ganz alleine.

Er duckte sich noch weiter hinter die Verkleidung und die Sonne brannte heiß vom Himmel, sodass es schon ein leichtes Flimmern auf dem heißen Asphalt gab, so flog er nun auf die Auf- und Abfahrt Nienburg Mitte zu, als auf der rechten Straßenseite ein weißer Golf vor sich hin heizte und ein roter BMW den Zubringer zur Hochstraße benutzte, um auf sie zu fahren. Dieser fuhr dann ohne nach hinten zu schauen einfach auf die Straße ein und bei dem Golf gingen die Rentnerleuchten an. Der Riser, der sich nur noch wenige hundert Meter entfernt von dem Golf befand, hoffte, dass der jetzt nichts falsch machte und da blieb, wo er ist, denn viel Luft zum Bremsen blieb bei dem Speed nicht mehr. Und er machte das Gas vorsichtshalber schon zu, als der Golf doch auf die Überholspur zog und ihm die Tür zuschlug. Was tun, Bremsen bringt nicht mehr viel, ausweichen? Wohin? Also Augen zu und durch und dann knallte er zwischen Leitplanke und Golf vorbei, das war so dicht, dass er sogar noch das erschrockene Gesicht der Fahrerin sehen konnte.

Und er war froh, dass das einigermaßen gut abging, also ordnete er sich dann langsam rechts ein und wurde langsam, denn er wollte hinter der Glashütte runter. Dann fuhr er gesittet durch Nienburg zu Bollmanns Bastelstube.

Als er dort ankam, waren natürlich alle Parkplätze besetzt, also stellte er den Ofen einfach auf dem Bürgersteig vor dem Eingang ab, schloss die Möhre, nahm den Helm ab, öffnete die Jacke und stranzte in voller Montur ins Krankenhaus. Die Handschuhe im Helm verstaut stand er nun zwischen den vielen sonntagsmäßig angezogenen Besuchern. Ihm wurde so mancher missbilligender Blick zugeworfen, doch er grinste sich eins und ging an den Leuten vorbei, denn er wusste seit dem Telefongespräch mit dem Bruchpiloten, wo er diesen finden würde, und er machte sich dann auch gleich auf den Weg zu ihm.

Als er nun vor der Zimmertür stand, klopfte er und trat ein. In diesem Zimmer war nur ein Bett besetzt und das war natürlich das des Bruchpiloten, der gerade wieder Musik hörte und deshalb die Ankunft seines Besuches nicht bemerkte, doch das änderte sich spätestens, als dem Bruchpilot ein Helm auf das Bett flog und er erschrocken hochfuhr.

Dann sah er den Riser grinsend in der Tür stehen und rief ihm zu: „Komm rein, altes Haus."

Das ließ sich der Riser nicht zweimal sagen und er trat dann neben das Bett vom Bruchpiloten, reichte ihm die Hand und meinte: „Hallo Alter, wie gehts? Was sagst du, wann kommst du raus, damit wir wieder mal Action machen können?"

„Mit Action ist vorläufig nichts", erwiderte der Bruchpilot bedauernd", denn seit meinem Zusammenstoß mit Werner wollen mich die Typen hier erst mal wieder richtig in Ordnung bringen. Das kann dauern."

Während er das sagte, lief der Kassettenrekorder und da er den Kopfhörer herausgezogen hatte, hörten sie Visage mit Fade to Grey.

„Was ist mit deiner Nase passiert?“, fragte der Bruchpilot den Riser plötzlich. „Ist etwas krumm.“

„Tja“, meinte der Riser, „von einem Helm getroffen, passiert leider, war nicht das Schönste, was mir in diesem Jahr passiert ist, hat die Nase gebrochen und mich einen Schneidezahn gekostet, aber egal, gibt Schlimmeres.“ Er grinste dabei, wie er es immer tat, wenn er das Thema wechseln wollte.

Da klopfte der Riser schnell dem Bruchpiloten auf die Schultern und meinte: „Nimm es leicht, du kommst auch mal wieder raus. Und außerdem, die Sache mit Werner haben wir geregelt, Werner ist jetzt ein namenloser Rocker und er wird sich hüten, sich noch einmal mit euch anzulegen, denn er hat jetzt keine Rückendeckung mehr.“

Als der Bruchpilot das hörte, musste ihm der Riser erst einmal erzählen, wie sie Werner fertiggemacht hatten.

Dann war der Bruchpilot dran, dem Riser zu erzählen, wie die Hirschburger Werner und seine Konsorten über den Tisch gezogen hatten, denn er sagte: „Auch die Hirschburger haben den Rockern von Werner gezeigt, was ne Harke ist, die haben denen ne Kette durch die Räder gezogen und ihnen die Luft aus den Reifen gelassen, die sind wohl keinen Meter mehr gefahren.“

Da schaute der Riser verwundert aus der Wäsche und meinte zum Bruchpiloten: „Mensch, mit euch hatte Werner wohl auch nicht gerechnet, Werner dachte nämlich immer, euch auf Sparflamme fertigzumachen, doch wie es aussieht, hat er sich wohl selber ins Knie geschossen.“

Dann stürzte plötzlich der alte Hausdrachen herein und wollte gerade losbrüllen, als der Riser aufstand und sagte: „Das nächste Mal klopfen Sie vorher an. Oder gehen Sie überall ohne anzuklopfen rein?“

Da wusste die Krankenschwester nicht, was sie erwidern sollte, doch der Riser war seinerseits noch nicht fertig, denn er sprach weiter: „Machen Sie endlich den Mund zu, die dritten Zähne werden sauer und außerdem zieht es.“

Als er das sagte, knallte Ihnen ELO gerade ihr „Illusions In G Major" um die Ohren und das blies die Nebelkrähe gleich mit raus. Dann setzte er sich wieder auf seinen Stuhl und sagte weiter: „Und nun seien Sie bitte so freundlich und lassen uns alleine, denn wir haben noch etwas zu besprechen."

Dann wandte er sich an den Bruchpiloten, der gerade das Fuck-Off-Zeichen zu der Krankenschwester machte, die dann sprachlos das Zimmer verließ und die Tür hinter sich zuknallte.

Dann sagte der Riser zum Bruchpiloten: „Ich dachte, die hätten die alte Heulboje endlich ausgemustert, aber das war wohl nichts. Die wollte Dirty Harry auch seinen letzten Krankenhausaufenthalt versauen, doch der hatten wir was geschissen. Du darfst dich von der Nebelkrähe nicht unterkriegen lassen."

„Von wegen unterkriegen lassen", meinte der Bruchpilot. „Ich befinde mich mit dem Untier im Kriegszustand, darum vorhin das Fuck-off-Zeichen."

Da klopfte ihm der Riser anerkennend auf die Schulter und meinte: „Kleiner, aus dir wird noch mal was, mach nur so weiter. Und nun Spaß beiseite ich habe nämlich ein Anliegen."

Doch als er weitersprechen wollte, lief gerade „Send my Heart" von den „Adventures", da sagte er zum Bruchpiloten: „Das ist im Moment meine Lieblingsscheibe, kennst du das Video zu dem Song?"

Als der Bruchpilot bejahte, sagte der Riser weiter: „Was sagst du zu dem Mädchen auf dem Video? Ich sage nur, mein Junge. Wenn du eine Tasse ungesüßten Kaffee vor dir stehen hast und die steckt den kleinen Finger rein, dann ist er zuckersüß, das sage ich dir als Experte."

Da fing der Bruchpilot an zu grinsen: „Wo du es sagst, glaube ich sogar, dass es stimmt, das mit dem Kaffee. Sag mal, Claus Dieter, ich hab gehört, die einen nennen dich Benny und die andern wieder Riser, was hat es denn damit auf sich?"

Da lachte der Riser „Ach du, das ist ganz einfach, als ich auf die berufsbildenden Schulen kam, war Sommer 1981, und da wir den ersten Mopedclub aufmachten, hielten es meine Kumpel, Dirty Harry war auch dabei, einfach für völlig bescheuert, mich Claus Dieter zu nennen, welch ein langweiliger Name. Und da ich, wie du weißt, ein großer Abba-Fan bin und ich eher auf Frida als auf den breiten Arsch von Agnetha stand, grinste Dirty Harry und meinte, wenn das kein guter Grund ist, dich Benny zu nennen, der Name würde dir stehen. Und schon war ich in der Schule der Benny und wurde irgendwann auch Benny, denn der Name ist cool, finde ich. Und im Club bin ich meist der Riser, der Vize von meinem Obermotz Dirty Harry." Dann grinste der Riser und freute sich, dass im Radio Chris Rea sein wunderschönes „Wired to the Moon" sang.

Dann aber wurde der Riser ernst und sagte zum Bruchpiloten: „Also, ich habe folgendes Problem. Wir, die Steinhuder Ghosthunter, sind von Fast Freddy von den Power Boosters und von Randy Andy, dem Obermacker der Intruders, ultimativ aufgefordert worden, nun mal langsam unsere Sommer-Fete abzuhalten, denn wir waren auch auf ihren Feten und haben da mächtig abgeräumt. Nun kannst du dir ja denken, geht Dirty Harry der Stift und er will die Fete möglichst sofort über die Bühne bringen. Es ist nur das Problem, dass wir noch nicht wissen, wo wir sie starten sollen. Und da dachte ich, wir könnten unsere Fete bei euch in Hirschburg in der Powerstation abziehen, wäre das möglich?"

Da schaute der Bruchpilot einen Moment aus dem Fenster und antwortete dann: „Das kann ich dir leider noch nicht sagen, ob das möglich ist, da muss ich erst die Meinung der anderen Hirschburger einholen. Ich will aber mal sehen, was ich für dich tun kann." Dann überlegte er einen Moment und sagte dann weiter: „Sobald ich aus diesem Knast heraus bin setze ich mich mit meinen Kumpels in Hirschburg zusammen und arrangiere ein Treffen zwischen euch und uns. Da können wir dann alles in Ruhe besprechen, ist das ein Angebot?"

„OK", erwiderte der Riser, „so können wir das machen, aber

bring die Sache möglichst bald zum Kochen, denn wie schon gesagt, Dirty Harry ist mit den Nerven schon voll auf Grundeis."

Dann erhob er sich und reichte dem Bruchpiloten die Kralle. „Ich hoffe nur, dass alles klar geht, denn wenn es nicht klappt, bin ich die längste Zeit der Vize der Steinhuder Ghosthunter gewesen."

„Warum soll es denn nicht klappen?", meinte der Bruchpilot. „Wir beiden haben in der Schule schon immer die größten Feten steigen lassen und es ging immer alles gut, warum sollte es denn jetzt nicht klappen, das kriegen wir schon hin."

Da meinte der Riser beim Rausgehen: „Dann warte ich auf deinen Anruf, bis denn." Und er dackelte von dannen.

Und der Bruchpilot hörte weiter Musik, es lief gerade „Nightshift" von den Commodors.

Der Riser schlich unterdessen wieder durch die Gänge des Krankenhauses und musste sich noch so manchen bösen Blick gefallen lassen.

Als er nun wieder durch den Ausgang in die warme Sommersonne trat, fiel ihm sofort der Typ auf, der um seine Turbo herumschlich. Also zog er sich erst mal wieder in den Schatten des Ausgangs zurück und schaute sich den Typen erst mal genauer an. Es war sofort zu erkennen dass der Typ ein Kanisterkopf war, also ein Tommy, ein in Nienburg stationierter englischer Soldat der Rheinarmee.

Er war ca. 1,90 m groß, braune, kurz geschorene Haare (daher Kanisterkopf), alte zerfledderte Wachs-Cotton-Motorrad-Kleidung und Knobelbecher als Stiefel und der Riser schätzte das Gewicht des Tommys auf ca.100 kg.

Nachdem der Riser sich nun einen Überblick verschafft hatte, trat er wieder heraus und ging langsam auf den Tommy zu. Als er dann nun hinter dem Typen stand, sprach er ihn an.

„Na, hast du genug gesehen oder soll ich dir auch noch den Zündschlüssel geben?", fauchte der Riser den Typen an, der es sich gerade auf seiner Reisschüssel gemütlich gemacht hat.

Der Typ sprang erschrocken von der Maschine und begann sich auch sofort sich auf Deutsch mit englischem Akzent zu entschuldigen.

„Oh sorry, excuse me, Isch wollte nur einmal auf einer Turbo sitzen, die ist doch so rare wie rain in desert, ah sorry, in Wüste.“

Dabei drehte er sich zum Riser um und machte eine theatralische Handbewegung, kam mit einem breiten Grinsen auf den Riser zu und hielt ihm seine rechte Hand hin, die dieser zögernd ergriff, und dabei sagte der Tommy:

„Hey, my name is David McCallum, sehr erfreut, disch zu treffen.“

Da stellte sich auch der Riser vor „Bin der Riser, kannst mich aber auch außerhalb meines Clubs Benny nennen.“ Und er machte dem Tommy klar das er es gar nicht schätzte, wenn jemand anderes auf seiner Maschine sitzt.

Das verstand er und er sagte, dass ihm die Maschine sehr gut gefalle und er selber eine Kawa GPZ 1100 fuhr und hier seit kurzem in der Mudra stationiert sei und dass er jetzt bei einem Motorradclub Unterschlupf suchte, denn alleine Motorrad fahren machte keinen Spaß. Als er hier das Motorrad stehen sah, dachte er, dass er mal abwarten sollte, ob der Fahrer vielleicht einen Tipp hätte.

Das verstand der Riser sehr gut und er antwortete dem Tommy: „Das leuchtet mir alles ein, aber ich gehöre zu den Ghosthuntern und bei uns kommt man nur mit Empfehlung rein, außerdem suchen wir uns unsere Mitglieder sehr genau aus. Aber wenn du unbedingt willst, dann nehme Ich dich mal mit und du kannst dir unseren Laden mal anschauen.“ Und während er das sagte, setzte er sich auf seinen Ofen.

David war damit einverstanden und er reichte dem Riser einen Zettel mit seiner Adresse und Telefonnummer in der Mudra herüber und der Riser versprach, vorbeizukommen und mit ihm dann nach einem Gespräch zu den Ghosthuntern zu fahren.

Dann trennten sich die beiden und der Riser böselte erst mal ab und er fragte sich, ob ein Tommy wohl in ihren Club passen würde. Und er fuhr ganz vorschriftsmäßig bei der Bullerei vorbei, denn er hatte nun wirklich keine Lust, sich von den Weißmützen um die graue Pappe erleichtern zu lassen.

Erst auf der Weserbrücke riss er den Gashahn auf und fuhr mit viel zu hoher Geschwindigkeit von dannen.

*

Währenddessen lag der Bruchpilot in seinem Bett und die Musik lief und er dachte intensiv nach, wie er das plötzlich aufgetretene Problem lösen könnte.

Doch so aus dem Stehgreif konnte er keine befriedigende Lösung für das Problem finden. Er wollte seinen Freund, den Riser, nicht im Stich lassen, aber andererseits konnte er die Hirschburger nicht so einfach ungefragt hintergehen. Während ihm gerade das Electric Light Orchestra „Hold on Tight" um die Ohren drosch, wurde seine Zimmertür geöffnet und die Ärzte machten ihre abendliche Visite. Da nahm der Bruchpilot natürlich seinen Kopfhörer ab und lauschte, was sich die Götter in Weiß so alles zu sagen hatten.

Dann fragte ihn der Oberarzt, wie es ihm denn ginge.

Darauf erwiderte der Bruchpilot: „Ich fühle mich zwar noch nicht im Vollbesitz meiner körperlichen und geistigen Fähigkeiten, aber das ändert nichts daran, dass ich nun endlich nach Hause will."

Da schmunzelte der Oberarzt und sprach: „Das habe ich mir fast gedacht. Wie ich hörte, hatten Sie schon einige lautstarke Auseinandersetzungen mit unserer Oberschwester, was den Schluss zulässt, dass Sie sich hier nicht besonders wohlfühlen, darum habe ich mich dazu durchgerungen, Sie morgen aus der stationären Behandlung zu entlassen und Sie in die Obhut Ihres Hausarztes zu übergeben."

Dann wünschte er dem Bruchpiloten alles Gute und verließ mit dem Anhang das Zimmer.

Der Bruchpilot frohlockte, als er die Nachricht über seine Entlassung bekommen hatte, und als die Ärzte gegangen waren, schnappte er sich gleich das Telefon und rief Marion an.

*

Marion währenddessen saß zuhause auf dem Sofa, las einen Fantasyroman und hörte dabei „Against the wind“ von Bob Seger, als das Telefon klingelte. Verärgert ließ sie den Roman sinken, hob mürrisch den Hörer ab und meldete sich. Da scholl ihr die Stimme des Bruchpiloten entgegen: „Hallo, Marion, habe ich dich vielleicht gestört?“

„Du störst mich doch nie“, antwortete Marion. „Was kann ich für dich tun?“

„Könntest du mich vielleicht morgen früh so gegen 10 Uhr hier abholen? Ich habe so viel Zoff gemacht, dass sie mich plötzlich loswerden wollen.“

Da dachte Marion nach: „Morgen am Montag ist schlecht, da müsste ich zur Arbeit.“

Noch ehe sie weiterreden konnte, hörte sie den enttäuschten Bruchpiloten durch das Telefon fluchen. Als sie das Fluchen hörte, sagte sie weiter: „Fluchen kannst du nachher immer noch, also hör erst mal zu. Ich habe eben gesagt, dass ich morgen eigentlich zur Arbeit müsste, das heißt aber nicht, dass ich nicht mal blaumachen und dich trotzdem abholen kann.“

Als der Bruchpilot das hörte, verschlug es ihm fast die Sprache: „Du willst morgen also blaumachen, nur um mich abzuholen! Das ist echt anständig von dir, mein Schatz. Weißt du, was ich dir noch sagen wollte?“

„Was wolltest du mir denn noch sagen?“, fragte Marion

Da wurde der Bruchpilot etwas verlegen und sagte: „Ich wollte nur sagen dass ich dich liebe, das ist alles.“

Da war Marion erstmal sprachlos, doch dann sagte sie zu ihm: „Das ist alles! Wenn das nichts ist, du alter Bruchpilot. Dann muss ich dir aber auch noch was sagen, nämlich dass auch ich dich liebe, mein süßer Heizer. Tschüss, bis morgen, um 10 Uhr."

Und dann legte sie auf. Danach versuchte sie weiter in dem Fantasyroman zu lesen, doch sie konnte sich einfach nicht konzentrieren, denn sie war mit ihren Gedanken ganz woanders.

*

Am nächsten Morgen war der Bruchpilot nun kurz vor 10 Uhr abreisebereit vor dem Krankenhaus und starrte in den bewölkten Himmel, es war drückend schwül, so wartete er auf seine Fahrerin.

Pünktlich um 10 rauschte sie mit quietschenden Reifen auf den Parkplatz des Krankenhauses. Da lief der Bruchpilot seiner neuen Flamme auch schon entgegen und die gegenseitige Begrüßung war mehr als herzlich. Dann warf er seine Tasche in den Kofferraum und stieg ein. Natürlich auf der Fahrerseite, denn das Heizen fehlte ihm schon sehr. Also heizte er los, dass es einem in der Seele wehtun musste. Dabei hörte er aus dem Radio The Alan Parsons Project mit „Don't let it Show„.

Dann fragte er Marion, als er an einer Ampel halten musste: „Wie hast du es den geschafft, heute hier zu sein, hast du blaugemacht?"

„Klar", antwortete sie. „Ich habe einfach meinen Chef angerufen und gesagt, dass ich mich nicht besonders fühle, sodass ich besser im Bett liegen bleibe. Das hat ihm zwar fürchterlich gestunken, aber das ist mir heute scheißegal."

„Du hast etwas bei mir gut", meinte der Bruchpilot und er rauschte sehr schnell nach Hirschburg und im Radio sang Huey Lewis and the News „I want a new drug„.

Als die beiden nun in Hirschburg ankamen, fuhren sie eine Ehrenrunde durch die Stadt, um alle erreichbaren Hirschburger am kommenden Abend zu einer Clubsitzung einzuladen.

Sie erreichten fast alle Hirschburger, nur Linus und Petmet hatte keine Zeit und waren auf Maloche. Also wurde ausgemacht, dass sie sich um 18 Uhr bei der Powerstation treffen wollten.

Dann schnappte sich der Bruchpilot ein Telefon, rief den Riser an und hinterließ auf seinem Anrufbeantworter, dass er am heutigen Abend bei der Powerstation vorbeischauen sollte.

Als dieses nun alles erledigt war, konnte er sich um andere Dinge kümmern. Und wer dieses Ding war, ist nicht allzu schwer herauszufinden, es war natürlich Marion.

Kapitel 8: James Bond lässt grüßen

Es geht nun inzwischen auf 18 Uhr zu und in der Powerstation hatten sich schon einige Hirschburger versammelt. Nur der Initiator dieses Treffens hatte sich noch nicht sehen lassen.

Mike, Linus, Bodie, Relax und Doyle saßen am Tisch und schütteten sich Cola mit Weinbrand rein. Dany stand am Herd und machte Wasser heiß, um Cappuccino zu machen, in der Powerstation wurde echt viel Cappuccino getrunken ;-), der aus dem Beutel, und aus den Boxen lief „Let him Go" von Animotion.

Dann hörten sie einen Wagen mit quietschenden Reifen vor der Powerstation halten. Da schaute Dany auf und meinte: „Das wird ganz sicher der Bruchpilot mit seiner Tussi sein."

Und kaum hatte sie es ausgesprochen, als die beiden sich anschickten, die Powerstation zu betreten. Doch als sie gerade die Powerstation betreten wollten, hörten die Hirschburger vor der Powerstation den tiefen Sound einer schweren Maschine. Da liefen Mike und Linus zum Eingang, um zu sehen, wer da mit dem Motorrad ankam.

Als derjenige abstieg, konnten sie erkennen, dass es ein Steinhuder Ghosthunter war, der dann vom Bruchpiloten in Empfang genommen wurde. Dann betraten die beiden zusammen die Powerstation.

Zuerst war wieder einmal die allgemeine Begrüßung angesagt. Der Ghosthunter stand dabei ein bisschen ratlos herum. Als die Begrüßungszeremonie beendet war, stellte der Bruchpilot den Riser vor. „Hey, Leute das ist ein alter Freund von mir." Und er deutete auf den Riser. „Das ist der Riser, könnt auch Benny zu ihm sagen." Und während er das sagte zwinkerte er. „Benny ist von den Steinhuder Ghosthuntern und er hat ein Problem, bei dessen Lösung wir helfen können."

Da rief Dany aus dem Hintergrund dazwischen: „Was für ein Problem? Haben die Ghosthunter ihre Probleme nicht immer selbst gelöst?“

„Das ist schon richtig“, antwortete der Riser lachend, „aber in diesem speziellem Fall brauche ich dann doch eure Hilfe. Es geht darum, eine Sommerfete zu machen, und meine Idee war es, sie hier zu starten, wenn ihr nichts dagegen habt. Lässt sich das vielleicht einrichten?“

Da runzelte Petmet die Stirn und fragte nach: „Ihr wollt also bei uns hier in der Powerstation eine Fete steigen lassen oder habe ich das falsch verstanden?“

„Richtig“, meinte der Riser.

Da rief Relax dazwischen: „Wer bezahlt die Fressalien, die Getränke und wer sorgt für die Musik?“

„Die zur Fete nötigen Utensilien besorgen natürlich wir oder besser gesagt ich“, stellte der Riser klar.

„Ok“, meinte Relax“, lasst uns Cappu trinken und darüber reden, komm, Riser, du setzt dich zu uns an den Tisch„.

Dann schlappte die Sippschaft erst mal zum Tisch, um heißen Cappuccino zu trinken. Als sie so einträchtig da saßen, fragte Mike: „Wer kommt denn alles zur Fete?“

Da dachte der Riser nach und antwortete: „Oh,das ist schwer zu sagen. Auf jeden Fall kommen die Power Boosters, die Intruders und die Big Biker aus Neustadt und die Marsians aus Burgdorf. Selbstverständlich auch die Steinhuder Ghosthunter. Wenn ihr wollt, natürlich auch ihr und auch alle gruppenlosen Motorradfahrer, die zu uns einen guten Draht haben. Ich rechne also mit ca. 80 bis 100 Personen. Vielleicht werden das auch noch ein paar Peoples mehr, mal abwarten.“

Als Bodie das hörte, musste er schlucken, und er sagte zu den anderen: „Habe ich richtig verstanden oder erwartet ihr tatsächlich rund 100 Leutchen zu eurer Fete.“

„Das wird ja ne super Session mit so vielen Peoples“, meinte Doyle dann begeistert.

„Wo sind eigentlich Ralf und Nadine?“, fragte der Bruchpilot plötzlich die anderen.

„Die beiden haben leider keine Zeit herzukommen, sie meinen aber, wenn es etwas zu beschließen gibt, geht es auch mal ohne uns“, antwortete ihm Dany, die mit Nadine gesprochen hatte.

Da sagte nun Marion als die Anwesenheitsfrage geklärt war: „Was ist nun mit der Fete? Wollen wir den Steinhuder Ghosthuntern erlauben, hier bei uns zu feiern, oder nicht?“

„Immer gemach, gemach da habe ich noch eine Frage“, sprach Relax dazwischen „Ich würde nur dafür stimmen, wenn wir uns um nichts kümmern müssen und die Ghosthunter sich um alles kümmern.“

Dem stimmten alle anderen zu und der Riser machte noch einmal klar, dass sich die Hirschburger um nichts mehr kümmern müssen, sodass die Hirschburger zur Abstimmung schritten und geschlossen dafür stimmten, die Powerstation an die Ghosthunter zu verleihen.

Nachdem das dann nun geklärt war, wollte sich der Riser verabschieden, um weitere Vorbereitungen zu treffen.

Da nahm ihn Mike beiseite und fragte ihn: „Sag mal, was fährst du denn für einen Ofen? Sieht recht stark aus.“

Da nahm der Riser ihn beiseite und meinte: „Komm raus, dann zeige ich ihn dir.“

Dann stanzten die beiden nach draußen, um die Maschine draußen unter die Lupe zu nehmen. Als der Riser nun bei seinem Ofen stand sagte er zu Mike: „Das ist eine Kawasaki GPZ 750 Turbo mit einem 4 Zylinder-4-Takt-Motor mit Turboaufladung und Einspritzanlage mit offen schlappen 112 PS, aber in Deutschland leider auf 100 PS gedrosselt. Der Hammer ist gedrosselt in 3,1 Sek, offen in 2,5 Sek auf 100 Sachen. Hat eine Anti-Dive-Gabel und rennt over the top offen fast 250 km/h, gedrosselt ist leider bei 230 km/h Schluss.“

Als der Riser seine Ausführungen beendet hatte, sagte Marion, die mit dem Bruchpiloten zu den beiden gestoßen war: „Mann, hast du das alles auswendig gelernt? Du leierst das runter, als wolltest du uns den Ofen verkaufen.“

„Die Maschine ist im Moment das Wichtigste für mich und da ist es doch wohl klar, dass man darüber sehr gut Bescheid weiß, oder?“, antwortete da der Riser.

Mike stand unterdessen mit leuchtenden Augen vor der Kawa und sah aus wie ein Kind zur Weihnachtsbescherung. Dann fragte er den Riser verlegen: „Könnte ich den Bock denn mal probefahren?“

Da wandte sich der Riser Mike zu und fragte ihn: „Du willst also auf meinem Ofen eine Probefahrt machen. Welche Erfahrung auf solchen Eisenteilen hast du denn schon? Welche Maschinen hast du denn schon gefahren?“

Da schaute Mike ein bisschen verlegen aus der Wäsche und gab kleinlaut zurück: „Ich fahre im Moment eine Yamaha SR 500, zu mehr reicht das Geld nicht.“

„Ist aber nicht gerade üppig“, meinte der Riser. „Die Karre hat doch, wenn ich mich nicht irre, gerade mal 27 PS. Wenn das als Qualifikation mal reicht.“

Da nahm ihn der Bruchpilot zur Seite und meinte zu ihm: „Du kannst ihm ruhig die Maschine geben, er wird sie schon nicht kaputt fahren. Der hat bis jetzt noch keinen Bock zersägt. Der wird schon vorsichtig sein. Ich gebe dir mein Wort drauf.“

„Na, wenn das mal gut geht, auf deine Verantwortung.“

Dann ging der Riser wieder zu Mike und sagte zu ihm: „OK, ich habe es mir überlegt. Hier ist der Zündschlüssel für die kleine Spritztour. Aber fahr mir den Ofen nicht zu Bruch, der war verdammt teuer.“

Dann reichte er Mike den Schlüssel herüber, den dieser mit leuchtenden Augen entgegennahm. Dann hörte er plötzlich von der Straße das sonore Brummen eines großen Motorrades auf die Powerstation zukommen und während Mike reinlief, um sich Helm, Jacke und Handschuhe zu holen, wartete der Riser darauf, dass ihm das Motorrad unter die Augen kam.

Es war schon von weitem zu erkennen, dass es sich um eine Suzuki handelte. Je näher der Bock kam, desto bekannter kam er ihm vor, und als der Fahrer dann auf den Vorplatz der Powerstation einbog, wusste er, dass der Flyer auf seiner Katana zu Besuch kam.

Und während sich Mike anklötterte und auf die Turbo stieg, stieg der Flyer ab und kam auf den Riser zu. Als der Flyer neben ihm stand meinte der Riser zu ihm: „Hey, Fly, was machst du denn hier? Gibt‘s Ärger in Steinhude oder was verschlägt dich hierher?“

Und dann machte er den Flyer mit dem Bruchpilot und Marion bekannt. Als das geschehen war, schotterte Mike mit der Turbo vom Hof, nicht ohne den Bock noch zweimal abgewürgt zu haben.

„Ich muss dich mal sprechen, Benny“, sagte der Flyer zum Riser. „Es ist wichtig.“

Da dachte sich der Riser, wenn der Flyer Benny zu mir sagt, brennt sicherlich der Baum. Dann ging die Gruppe erst mal wieder in die Powerstation, und als sie drinnen waren, stellte der Riser den Flyer vor.

Dann setzte er sich mit dem Flyer in die Sitzecke und fragte erst mal, wo denn der Schuh drückt. Da meinte der Flyer, es wäre etwas unter vier Augen, da erwiderte der Riser, „das Gespräch führen wir gleich“, und sie setzten sich in die TV-Ecke, „aber jetzt plane ich mit den Hirschburgern die Fete, dann widme ich mich ganz deinem Problem.“

Aus dem Lautsprecher sang Genesis „Mama“ und der Riser meinte: „Bei dem Song kriege Ich immer eine Gänsehaut, echt crazy.“ Dann stand der Riser auf und fragte Linus, wie groß denn die Powerstation sei.

„Tja, die wird wohl ca. 30 Meter lang und ca. 15 Meter breit sein“, erwiderte der Angesprochene. „Warum willst du das denn wissen?“

„Ganz einfach, ich muss doch wissen, wie ich die Powerstation verplanen muss“, antwortete der Riser.

„Wie stellt ihr euch die Fete eigentlich vor?“, fragte Marion den Riser.

Da dachte der Riser einen Moment nach und meinte dann: „Also, ich habe mir gedacht, dass wir hier drinnen die Disco machen und natürlich auch die Bar und das kalte Buffet. Draußen dachte ich mir einen Imbissstand mit Schaschlik, Bratwurst und Pommes. Auch ein kleines Bierzelt mit ein paar Tischen und Stühlen sollten draußen aufgestellt werden, um dann den Leutchen, die draußen spachteln, ne Möglichkeit zu bieten, was zu trinken und sich dabei zu setzen. Im Bierzelt sollte es aber nicht nur Bier, sondern auch alkoholfrei Getränke geben. Wir müssen uns nur noch einigen, wie wir die Powerstation räumlich aufteilen, damit die Leute an der Bar nicht mit denen auf der Tanzfläche ins Gehege kommen."

Da machte Dany folgenden Vorschlag, der da lautete: Die Tanzfläche sollte in die hintere Hälfte der Powerstation verlegt werden und die Bar und das Buffet werden links und rechts der Tür aufgestellt. Als dann dieser Vorschlag einstimmig angenommen wurde sagte Marion: „Ich habe eine Idee, wo wir den Discjockey unterbringen können. Den stecken wir einfach mit seiner gesamten Muggemaschine in die Grube hinter der Hebebühne, ist gut abgedeckt und groß genug für mehr als das. So kann er sich wenigstens in aller Ruhe um seinen Job kümmern."

„Das ist ne Spitzenidee", meinte der Riser, denn den Job des Discjockeys wollte er übernehmen, denn Musik warvoll sein Ding, sagte er immer, und er fragte dann sogleich, ob man die Grube denn auch von oben gegen hereinfallen sichern kann.

Wo sie schon bei der Musik waren, fragte der Riser: „Wie sieht es bei euch mit der Neuen Deutschen Welle aus, wir im Club stehen gar nicht drauf."

Da antwortete Relax trocken: „Wir mögen das deutsche Gejaule auch nicht." Und dann beruhigte er den Riser, das sei kein Problem, „denn hinter der Hebebühne liegen die Abdeckgitter für die Grube, die sind groß genug, um diese sicher abzudecken."

„Dann ist ja alles klar“, meinte der Riser und fragte dann, wer von den Hirschburgern bereit wäre, zur Verwirklichung der Fete beizutragen, denn, wie er meinte, hätte er von den Ghosthuntern nicht so viel Hilfe zu erwarten. Und die Hirschburger sagten zu, ihm ein wenig behilflich zu sein, und immer wieder schaute der Riser nervös auf die Uhr.

Als der Bruchpilot das sah meinte er beruhigend zum Riser: „Der Mike kommt schon noch mit deinem Ofen zurück, mach dir bloß keine Sorgen.“

Und wenn man vom Teufel spricht, ist er auch nicht weit, wie auch hier, denn kaum hatte der Bruchpilot ausgesprochen, als plötzlich ein Motorrad vor der Powerstation ausrollte. Dann kam Mike mit dem Helm unter dem Arm herein und war völlig happy. Als er vor dem Riser stand und ihm den Zündschlüssel in die Hand drückte, sprudelte es aus ihm heraus: „Mann, der Ofen ist aber ne Sünde wert. Mit der Maschine lässt du fast alles stehen, was auf der Straße kreucht und fleucht. Die ist schneller, als die Polizei erlaubt, die ist vollkommen Xanadu.“

Da schaute ihn der Riser fragend. „Was heißt hier vollkommen Xanadu? Damit kann Ich nichts anfangen.“

Da klopfte ihm Relax auf die Schulter und sagte ihm: „Du weißt nicht, was Xanadu ist, das ist aber schwach. Das ist ja direkt eine Wissenslücke. Xanadu heißt frei übersetzt Göttlicher Wahnsinn.“

Da mischte sich Petmet ein, der auch seinen Senf dazugeben musste: „Also, wenn Mike zu deiner Maschine vollkommen Xanadu sagt, meint er, dass deine Maschine der absolute Göttliche Wahnsinn ist.“

Als der Riser das hörte, schnackelte er fast mit den Ohren, doch dann sagte er zu den Hirschburgern: „Also, das mit der Fete ist also klar, dann kann ich ja schon mal die Einladungen verschicken. Außerdem werde ich zusehen, dass ich alles nötige für die Fete organisiere, und bringe es dann hierher. Wer Lust hat, kann mir dann ja beim Aufbauen helfen.“

Da sagten ihm die Hirschburger ihre Unterstützung zu.

Danach verabschiedete sich der Riser mit dem Flyer im Schlepptau und auch die Hirschburger fuhren nach Hause. So verstreute sich die gesamte Powerstation-Crew in alle Himmelsrichtungen.

*

Draußen vor der Powerstation sagte der Riser dann zum Flyer: „Also, Fly, wenn wir jetzt mal quatschen wollen, dann lass uns in die Imbissbude am Marktplatz fahren."

Also stülpten sie ihre Helme auf und knallten zur Frittenbude. Als Sie dann dort angekommen waren stellten Sie ihre Kisten davor ab. Dann suchten sie sich einen leeren Tisch aus und setzten sich. Als die Bedienung Ihre Bestellung aufnahm, Cola mit Zitrone, und aus der Musicbox David Lee Roth' „California Girls" kam, fragte der Riser den Flyer, wo ihn der Schuh drückte. Da schüttete ihm der Flyer das Herz aus:

„Also es geht um meine Freundin Coco, die kennst du doch."

Und der Riser sagte: „Klar kenne ich sie, du warst doch mal mit ihr in Steinhude im HQ, und ich muss sagen, du hast sehr viel Geschmack bewiesen."

Da wurde ihre Cola gebracht und die Musicbox wechselte auf Donna Summer mit I Feel Love.

Da sprach der Riser nach dem ersten Schluck Cola weiter: „Also spuck es aus, was hast du für Sorgen."

Da fing der Flyer an zu erzählen: „Also ich bin mit Coco sehr glücklich. Ich habe nur das Problem, dass sie nicht mehr bei mir auf dem Sozius sitzen will. Sie hat immer wieder eine Ausrede und fährt mit ihrem Auto. Ich bekomme sie plötzlich nicht mehr auf diesen Bock, ich verstehe das nicht."

Da überlegte der Riser einen Moment und dachte sich so seinen Teil und meinte zum Flyer: „Ich kann mir da schon was denken, aber um das bestätigt zu bekommen, muss ich mit deiner Herzdame reden, es wäre mir recht, wenn du deine Kleine mal mit in die Powerstation bringen könntest. Morgen sehe ich erst mal zu, die Fete zu organisieren, übermorgen könntest du dann zu meiner Hilfe eilen und deine Freundin in die Powerstation einladen, lass dir was einfallen.“

Dem stimmte der Flyer dann zu, sie schütteten die Cola in sich hinein und aus der Musicbox präsentierte Mike & the Mechanics ihr neues Silent Running / Schleichfahrt was auch wirklich gar nichts mit dem Titel zu tun hatte, das war nun wirklich nicht ihr Ding, aber geil die Scheibe

Dabei verließen die beiden die Bude und verabschiedeten sich bis übermorgen. Der Riser fuhr Richtung Nienburg und der Flyer nach Hagenburg.

*

Den kommenden Tag war der Riser voll und ganz damit beschäftig,t die bevorstehende Fete zu organisieren, Stress war angesagt. Da kam ihm eine gute Idee, wie er meinte, er griff also zum Telefon und wählte die Nummer, die ihm der Kanisterkopf gegeben hatte, Nach einer längeren Wartezeit und ewigem Verbinden hatte er den Tommy endlich am Rohr und dann machte er ein Treffen mit ihm klar. Er verabredete sich also mit ihm in der Mensa der Berufsschule Nienburg am folgenden Nachmittag um 16 Uhr, denn die Berufsschule lag genau neben der Mudra, so brauchte der Tommy eigentlich nur über den Zaun klettern. Der Riser kannte die Penne noch aus der Zeit, wo er das BGJ-KFZ machte, zwar umsonst, der Betrieb, bei dem er KFZ-Mechaniker lernen wollte, machte pünktlich zum Ausbildungsbeginn pleite, aber egal, das Jahr hatte ihm nicht geschadet.

Danach setze er sich daran, die Einladungen einzutüten und ein paar Anzeigen im Heißen Draht schalten. Darin suchte er eine Musikanlage mit den dazugehörenden Plattenmieten, den Discjockey macht er selbst, er liebt Mugge, außerdem suchte er

Lichtorgeln und Lauflichter. Dann legte er die Füße hoch, schnappte sich ein Bier und legte sich Oxygen von Jean Michel Jarre rein. Dann dauerte es auch nicht lange, bis er entspannt auf dem Sofa einschlummerte. Während er so vor sich hin döste, kam sein Stubentiger Clarence und machte es sich schnurrend auf seiner Brust bequem, dem Riser war es egal und Clarence fühlte sich sichtlich wohl.

*

Am nächsten Tag beendete der Riser pünktlich seine Frühschicht, stapfte in Jeans, Stiefeln und T-Shirt am Pförtner seiner Chemiebude vorbei, grüßte wortlos und ging auf den Parkplatz, wo sein Manta 400 stand. Als er bei diesem ankam, schloss er zuerst den Kofferraum auf und griff herein.

Er holte ein Schulterholster heraus und legte es sich an. Als das geschehen war, griff er zur Lederjacke und zog sie an, das Holster musste ja nicht immer gleich jeder sehen.

Dann schloss er den Kofferraum, ging zur Fahrertür und öffnet sie. Als er nun im Auto saß, griff er zum Handschuhfach, öffnete es und griff herein.

Daraus entnahm er eine Colt M1911 Gaspistole in schwarzer Ausführung und schwarzen Griffschalen und 9 Schuss im Magazin und einee Patrone im Lauf, einmal entsichert und man liegt immer vorne, seine neueste Erwerbung vom Waffenhändler seines Vertrauens, wo er schon ein halbes Dutzend Gaspistolen und Gasrevolver gekauft hatte, alles legal und nach deutschem Recht erlaubt, und so hatte er für jeden Anlass die richtige Waffe. Die schob er sich in das Holster, schnallte sich an und dann ging es los.

Das Wetter war sehr sommerlich und er kurbelte die Scheibe der Fahrertür herunter und ließ frische Luft herein und aus dem Kassettenradio gaben Pink Floyd Ihre Platte „Animals" zum Besten, es lief gerade „Dogs", als er vom Siedlungsweg auf die

Hochstraße abbiegen wollte, um dann mit dem Manta in die Berufsschule Nienburg zu fahren, um sich mit David, dem englischen Kanisterkopf zu treffen..

Er stand auf der Einbiegespur zur Hochstraße, als er im Rückspiegel einen Opel Rekord E in Silber erblickte, der mit einem SHG-Kennzeichen für den Nachbarlandkreis Stadthagen, wirklich sehr schnell auf ihn zuschoss, da dachte der Riser nur, SHG, Schwule Huren Gangster, und so fahren die auch.

Als der Gegenverkehr endlich durch war, bog er auf den Zubringer der Hochstraße und der Rekord hinter ihm tat es ihm gleich. So zuckelten nun der Riser und auch der Rekord auf die Hochstraße, der Riser beschleunigte über den Beschleunigungsstreifen auf die Hochstraße und gab Gas.

Selbiges tat auch der Rekord hinter ihm und gab zu allem Überfluss noch mehr Gas, überholte den Manta und plötzlich ging im Heckfenster eine Leuchtschrift an: „Polizei, bitte folgen."

Da fragte sich der Riser, was er denn bitteschön angestellt haben sollte, um das zu rechtfertigen, aber was soll's, der Rekord blinkte bei der nächsten Gelegenheit ab und der Riser folgte, wie es sich gehörte.

Als sie die Hochstraße verlassen hatten, blinkte der Rekord rechts ab und der Riser tat es ihm nach, ein paar hundert Meter weiter fuhr der Polizeiwagen in eine Parkbucht und der Riser folgte.

Dann blieben beide Autos stehen und der Riser drehte das Kassettenradio leise, stellte den Motor ab und wartete auf das, was da kommen mochte.

Bei dem Rekord stieg der Fahrer aus und kam auf ihn zu. Er war in Räuberzivil, also Alltagsgarderobe, gekleidet, ca 1,90 m groß und um die 90 kg schwer und hatte schütteres Haar, der Riser schätzte sein Alter auf wohl auf ende 30. Der blieb dann neben der Tür stehen, und als der Mann dann neben dem geöffneten Fenster stand, sprach er ins Auto hinein: „Allgemeine Verkehrskontrolle, Fahrzeugschein und Führerschein bitte."

Da grinste der Riser sich einen und fragte: „Womit habe ich die Verkehrskontrolle denn verdient? Ich war weder zu schnell noch fahre ich unsicher, was soll's also? Können Sie sich ausweisen?" Und er beugte sich zum Handschuhfach, um den Fahrzeugschein zu greifen.

Dabei rutschte wohl die Lederjacke beiseite und gab dem Polizisten den Blick auf die Gaspistole frei. Was der jetzt wohl gedacht hatte?

Der Riser fragte: „Na wo ist Ihr Ausweis, zeigen Sie mal." Und er griff nach dem vom Polizisten gereichten Ausweis. „Hauptwachtmeister Schuster, Polizeidienststelle Nienburg-Mitte, ich wünsche Ihnen einen schönen guten Tag, Herr Hauptwachtmeister", sagte der Riser grinsend und er bemerkte das der Polizist etwas gesehen hatte, womit er nicht klarkam.

Hauptwachtmeister Schuster meinte zum Riser, er möge bitte aussteigen und die Papiere mitbringen, welches der Riser, nachdem der Polizist von der Wagentür zurückgetreten war, auch gerne tat.

Als der Riser dem Hauptwachtmeister nun die Papiere reichte, meinte er sehr süffisant: „Warum kontrollieren Sie einen Manta 400? Von dem Ding sind nur 245 Stück gebaut worden und von meinem in rot nur schlappe 20, welcher Verbrecher oder Ganove würde mit so einem auffälligen Auto durch die Gegend fahren? Der Wagen ist so, wie er hier steht, 1983 in Antwerpen vom Band gelaufen, es ist ein Manta 400, schmal, also nicht extrem verbreitert, also nichts, was Sie mir vorwerfen könnten." Und er machte eine weitausholende Handbewegung und meinte nüchtern: „Also, was wollen Sie von mir, Sie fahren inkognito mit einem Opel Rekord mit Stadthagener Nummernschild durch die Gegend und greifen Autofahrer ab, nur was haben Sie vorzubringen, außer das Sie wohl keine Opel Manta mögen?"

Da wurde der Polizist unwirsch: „Wen ich kontrolliere, das entscheide immer noch ich, und außerdem tragen Sie eine Waffe, wie ich es sehe, was sagen Sie dazu?“

Da lachte der Riser: „Ja, ich trage eine Waffe, Herr Hauptwachtmeister, eine Gas- und Schreckschusspistole, das ist erlaubt, und nun geben Sie mir bitte meine Papiere wieder, die sind nämlich OK.“ Und er hielt die Hand in die Richtung des Polizisten, der ihm, nach flüchtiger Prüfung, nur sehr widerstrebend die Papiere reichte, die der Riser sofort wieder einsteckte.

Dann schlug er Jacke auf und zeigte dem Polizisten die Waffe. „Das hier ist eine Gaspistole, legal und erlaubt, dafür brauche ich in Deutschland keinen Waffenschein.“ Während es das sagte, nahm er die Pistole mit spitzen Fingern aus dem Holster und legte sie auf das Wagendach, wo der Polizist sofort danach griff und die Waffe in Augenschein nahm und während sich der Polizist die 45er-Pistole ansah, sprach der Riser weiter: „Und jetzt möchte ich Ihnen mal einen kleinen Tipp geben, Herr Hauptwachtmeister.“ Und er lehnte sich an seinen Manta. „Ich kenne einen Kollegen von Ihnen, der hat mir mal Folgendes erzählt, da ich und meine Kumpel und viele andere in Deutschland ja auch legal Gaswaffen tragen dürfen, sagte er mir etwas auch für Sie sehr Wichtiges. Er kontrolliert niemanden von 20 bis 40 Jahren, den er mit einer Waffe sieht, egal, ob am Gürtel oder im Holster, denn zu 99 % ist es eine Gaswaffe, die ja sowieso erlaubt ist, das letzte Prozent macht ihm viel mehr Sorgen, denn das könnte ihn das Leben kosten. Wenn Sie jemanden ansprechen, der wirklich einen scharfen 45er Colt Automatik bei sich hat, erschießt er Sie, wenn Sie Pech haben, schneller, als Sie je an Ihre Waffe kommen, denn ihr Polizisten wagt es ja kaum, nach eurer Waffe zu greifen, also überlegen Sie es sich in Zukunft, ob Sie sich völlig unnötig in Gefahr begeben, denn jemand mit einer scharfen Waffe lässt sich sicher auch nicht von Ihnen aufhalten. Und sagen Sie ihrem Kollegen im Auto, bei der nächsten Kontrolle sollte er Sie schon unterstützen und nicht einfach im Auto sitzen bleiben während sie hier von einem Typen mit einer 45er Automatik erschossen werden, also richtig was von Eigenschutz habt ihr echt noch nicht gehört."

Dann ließ er sich seine 45er-Automatik zurückgeben, steckte sie wieder ein, drehte sich und öffnete die Fahrertür und er fragte nochmal: „Darf ich jetzt fahren?"

„Ja", stammelte der Polizist und der Riser stieg ein, schnallte sich an und grinste sich einen.

Dann startete er den Wagen und gab Gas, ließ den Bullen zurück und rödelte dann mit seinem Manta zur Berufsschule und stellte das Ding rotzfrech auf den Lehrerparkplatz, was sollte denn auch passieren, den schleppte keiner ab, das war ihm klar.

Die Berufsschule war eine Anlaufstelle für viele Jugendliche des Landkreises als Berufsvorbereitung oder Berufsgrundbildungsjahr, gut 50% eines Jahrgangs in unteren Schulformen durchläuft diese Schule, um dann später eine Ausbildung zu beginnen.

Als er nun so in Jeans, T–Shirt, Stiefeln und Lederjacke durch die Aula stapfte, wurde er von der Seite angerufen: „Hallo Claus Dieter, ach, sorry, Benny, was machst du denn hier?"

Der Riser blieb stehen und drehte sich in die Richtung, aus der die Stimme kam. Da stand Herr Knautschke, ein Lehrer, den er vor Jahren hier hatte. Er lächelte freundlich und reichte dem Herrn seine Hand. „Hallo Herr Knautschke. Schön, Sie mal wieder zu sehen, bin nur hier, um jemanden zu treffen, ich hoffe doch, die Schüler sind mittlerweile pflegeleichter als wir, denn wir waren wirklich schlimm."

Da grinste der Lehrer, ein drahtiger, schon ergrauter Mittfünfziger und meinte: „Ach Claus Dieter, du wurdest ja nur als Benny angesprochen, war sehr eigenartig für uns Lehrer, aber mal was Neues", lachte er. „Und so schlimm wart ihr doch nicht, die heutige Generation ist noch viel schlimmer, apropos schlimmer, was höre ich von dir, du bist Rocker? Ich bin schockiert, mein Junge."

Da lachte der Riser. „Ach, so schlimm ist das nicht, wir sind nur ein paar Motorradfreaks mit Kutte, halb so schlimm, aber nun muss ich weiter. Grüßen Sie alle Kollegen, die ich auch hatte, und lassen Sie sich nicht unterkriegen.“ Er lächelte dem Lehrer nochmal zu und ging dann schnurstracks in die Mensa, holte sich eine Cola und setzte sich an einen Tisch, wo er die beiden Eingänge gut beobachten konnte. Er wartete ja schließlich auf einen Tommy und im Hintergrund dudelte Queen „I want to break free„.

Nach gut zehn Minuten, die Cola war fast leer, kam dann endlich der Tommy durch die Seitentür, der Riser stand auf und winkte ihm zu und der Tommy kam an seinen Tisch, reichte ihm die Hand und sie setzten sich wieder.

„Schön das du disch meldet hast“, sagte David. „Why, ähhhhhh, warum hast du misch angerufen?“

Da nippte der Riser am Rest seiner Cola und meinte: „David, ich denke ‚du hast den Schlüssel zur Aufnahme in unseren Club in der Hand und du musst ihn nur nutzen.“ Dann stand er auf und holte sich noch eine Cola, da erwiderte der Tommy verwundert: „Wie meinst du that?“

Während nun im Küchenradio die Eagles ihr „New Kid in Town“ zum Besten gaben, setzte sich der Riser wieder, stellte eine Cola vor den Tommy, nippte an seiner Cola und begann zu reden. „Ja, David, ich bin hier, um zwei Fliegen mit einer Klappe zu schlagen.“

Da schaute David ihn etwas verwundert an und fragte: „What? Isch verstehe nischt. Was meinst duuu?“

Grinsend fuhr der Riser fort. „Ich meinte, dass die Ghosthunter eine Sommerparty machen wollen, und ich habe die Aufgabe für das Catering übernommen, also besorge ich die Getränke und so. Da kam mir die Idee, dass wir Ghosthunter dich in unsere Gruppe aufnehmen und als Eintrittsgeschenk kaufst du für uns die Utensilien für die Party bei euch in der Kaserne. Der NAFI ist ja um einiges günstiger als der normale Supermarkt. Würdest du das tun?"

„Yes, natürlisch, wenn isch so bei euch einkomme, no problem, wie wollt ihr det machen?"

Da klatsche der Riser und freute sich. „Ok, David, ich bringe dich bei uns unter und dann ist alles cool, Ich mache das schon, das wird toll."

Dann verabredeten sie sich für den nächsten Tag gegen 16 Uhr vor dem Haupttor der Mudra an der Ziegelkampstraße, um danach im NAFI einkaufen zu gehen. Dann reichten sich beide freundlich die Hufe und gingen getrennte Wege, der Tommy in die Kaserne und der Riser auf den Parkplatz vor der Schule. Er stieg in seinen Manta und brauste dann in seine kleine Bude vor Nienburg, während im Kassettenrekorder ganz entspannt Discovery von ELO lief, wie der Riser immer sagte, als Musik erste Sahne.

*

Am nächsten Tag beendete der Riser um 14 Uhr pünktlich seine Frühschicht und fuhr dann mit seinem Manta nach Hirschburg, um ihn gegen den Suzuki Carry von seinem Alten einzutauschen.

Nachdem das geschehen war, musste er leider den ganzen Weg zurück nach Nienburg zurück, um sich dann gehen 16 Uhr in der Mudra-Kaserne einzufinden. Die Mudra war eine der größten englischen Kasernen im Norden Deutschlands und eine Stadt in der Stadt, mit allem, was die Soldaten und ihre Familien brauchten, einschließlich Kino, Sportanlagen und Einkaufsladen, dem NAFI. So mussten die Engländer auch im Ausland auf nichts verzichten.

Als nun der Riser mit seinem japanischen Reisbully vor dem großen Haupttor ankam, stellte er den Suzi ab und ging auf den Guard zu, der mit durchgeladener Maschinenpistole vor dem Eingangstor stand, vor dem Ausgangstor stand vis-a-vis auch ein

Guard mit MP, die Angst vor der IRA, der Irish Republican Army, einer Untergrundorganisation aus Irland, die auch in Deutschland tätig ist, war auch hier sehr präsent.

Also meldet er sich beim Torguard und sagte ihm, er wäre mit David McCullum verabredet. Er sollte dann hier vor dem Tor auf ihn warten. Wenn David da wäre, bekomme er ein Permit, einen Passierschein, und erst dann dürfe er mit dem Wagen aufs Gelände. Aber dann ging der Guard mit dem Riser erst mal zum Suzuki Carry und überprüfte ihn, schaute sogar unter den Wagen. Als er dann nichts fand, musste der Riser beim Auto warten, während der Guard sich auf den Weg machte, David zu organisieren.

Also setzte sich der Riser ins Auto und wartete.

Nach gut 15 Minuten kam der Guard mit David zurück. David begrüßte den Riser und dann drückte ihm der Guard den Passierschein in die Hand, den der Riser gut sichtbar tragen musste, er hatte ein Schnappklipp, mit dem er auch am T-Shirt befestigt werden konnte.

Dann setzten sich beide in die Suzi und fuhren durch das Tor auf das große Gelände und kurvten zwischen Panzern, LKWs und Panzersperren herum, um auf den Parkplatz des NAFI, dem Supermarkt der Engländer in Nienburg, zu kommen.

Als sie den Laden dann endlich betreten hatten, war er nichts anderes als ein überdimensionierter Supermarkt, in dem die Tommys alles kaufen konnten, was sie zum glücklich sein brauchten.

Da holte der Riser die Einkaufsliste aus der Tasche und blätterte sie auf und dem Tommy klappte die Kinnlade runter, als er die sah.

„Wow“, meine er. „Was habt ihr vor? Die is big, krass.“

Der Riser lachte und meinte: „Es kommen wohl 100 Leute, da denke ich, wir brauchen keine Flaschen, wir brauchen Kisten voll Flaschen, glaub mir.“

Da meinte David: „We need Palletten full mit drinks, ähh Getränken, isch ohle mal eine Gitterbox and a lifter, that's better."

Das tat er dann auch und der Riser griff sich einen Einkaufswagen und lud schon mal Plastikgeschirr, Messer, Gabel, Löffel, dann Küchenrollen, Servietten und Mülltüten und wunderte sich, dass der erste Einkaufswagen schon voll war.

Den schob er dann beiseite und David kam mit dem Hubwagen und der Gitterbox und dann wurde es üppig. Sie luden zwölf Kisten Cola, fünf Kisten Fanta, fünf Kisten Sprite, zwei Kisten Ginger Ale, zwei Kisten Tonic Water und zwölf Kisten Wasser auf und die Gitterbox war voll, also musste David los, um die nächste Gitterbox zu holen.

Der Riser griff sich wieder einen Einkaufswagen und fuhr los, um kistenweise Chips, Flips, Erdnüsse und Salzstangen einzupacken und plötzlich war auch der Einkaufswagen voll.

Da traf auch David wieder mit der neuen Gitterbox ein und sie begaben sich zu den Alkokolika, da griff der Riser drei Kisten Rotwein, zwei Kisten Weißwein, drei Kisten Prosecco für die Damen, eine Kiste Chantre Weinbrand, zwei Kisten Gin und zwei Kisten Scotch und drei Kisten Berry Long. Da fiel dem Riser eine Flasche Scotch auf, ein Glen Moray 1970 Single Malt mit 57%, die wollte er und die nahm er sich, die stand „ihm" zu.

Bier, sagte der Riser, kauft er beim Getränkehändler, denn englisches Bier ist nichts für jedermann.

Als der Riser die englischen Grillsaucen und Ketchups sah, griff er auch da noch zu und lud das flaschenweise für das Grillen ein. Dann schoben die zwei Richtung Kasse und die Supermarktmusik spielte Sirius von Alan Parsons und die Probleme gingen los. David schob Gitterbox für Gitterbox an die Kasse und alles musste aus- und umgeräumt werden, danach leerten sie noch beide Einkaufswagen und nach einer guten halben Stunde war es endlich geschafft. Sie hatten viel Geld gelassen, waren aber zufrieden und erleichtert, es war überraschend günstig und alles war cool.

Draußen luden Sie den Carry voll und die Gitterboxen standen noch immer da, nur die Einkaufswagen passten in die Susi, die Gitterboxen passen nicht, da hatte sich der Riser komplett verkalkuliert.

„Mist“, fluchte er, „das passt niemals.“

Da fing David an zu lachen und er klopfte dem Riser auf die Schultern. „Isch lade die Gitterboxes in ennen von unseren Bedford TM Trucks und dann bringe isch es vorbei, no problem, wir haben hier ne Menge Trucks, die auch mal cruisen wollen.“

Dann sagte er, „komm mal mit“, und er ging mit dem Riser über den Parkplatz und nach ein paar hundert Metern standen sie bei Unterständen und David machte eine weit ausholende Handbewegung und sagte: „Hier sind over 100 Bedford TM Trucks, die fahren teilweise nur ein paar miles in year, die driven alle mal abwechselnd nach Liebenau ins Pinewood Camp, our Außenlager, da stehen our 90 Chieftain Mk5 Battletanks, die haben hier in der Mudra no room. Und zwei Querstraßen weiter stehen our Transporttanks Spartan and FV 432, die Scoutingtanks Scorpion / Scimitars and a lot of Land Rover, that‘s all. Da gehe Isch einfach zum Staff Sergeant und lasse mir one Bedford von denen geben, die sind froh, when wir mal den einen oder anderen von denen bewegen. Do you know, dass das Pinewood Camp in Liebenau a little bit was mit 007 James Bond zu tun hat?“, fragte David schmunzelnd den Riser.

Der schaute David entgeistert an und fragte erstaunt: „James Bond und Liebenau. Ich hab 1983 und 1984 in Liebenau gewohnt und Ich kann mich an nichts erinnern, was auch nur annähernd was mit James Bond zu tun haben könnte.“

Da grinste David und klärte den Riser auf: „Bevor isch nach Nienburg kam, habe isch misch erst mal informiert, was hier so abgeht, and da hab isch wirklich interesting things gelesen.“

Während er das sagte, ging er mit dem Riser in eine der Baracken und lud ihn zu einem Tea ein, er sagte: „Hier in all these workshops sind tearooms, da können wir uns doch auch a cup of tea gönnen.“

Also setzte David sich mit dem Riser in eine Ecke, wo eine dampfende Kanne mit Tea stand, und sie bedienten sich erstmal.

David führte aus: „Überall, wo hier jemand workt jibts tea, cups and eine Sitzgelegenheit, das brauchen wir Englishman."

„Ja", grinste der Riser, „das hab ich auch schon gehört. Warum bist du denn zur Armee gekommen? Und wenn ich ehrlich bin, ihr habt hier ganz schön was an Technik aufgefahren, was Fahrzeuge und Panzer angeht." Und während er das sagte, goss er sich Milch in den Tee.

„Isch denk, that is nur eine steelgewordene Utopia", meinte David, „denn war, ähhh, Krieg, mit tanks wird es wohl nischt mehr geben, da fallen a couple atombombs und det wars, aber the atombomb ist nischt immer a möglische Option, the Tanks sind nur als sischtbares Zeischen da, hallo Ruski go home, wir sind auch noch da, wir become weekly Meetings and da say us the Officers dat a Battle Tank on the Battle-Field not more than five Minutes survival Time have, da kann Man-Power nur den Price drive up damit es not to a Battle comes."

Das sah der Riser ähnlich. „Ja, David, aber nur fünf Minuten Überlebenszeitraum auf dem Schlachtfeld ist schon krass, da möchte ich lieber kein Panzersoldat sein, die werden bei uns nur Kanonenfutter genannt, aber ich denke, wenn der Kalte Krieg heiß wird, dann hier in Deutschland und sicher nicht mit Panzern gekämpft, dafür gibt es genug Pershing 2 und SS20 Raketen."

„Ach Riser, what sollen wir jungen Engländer machen, seit Maggie Thatcher PM is, wird alles privatisiert, ‚erkleinert und selbst the labor Union, ähhh Gewerkschaften haben nix mehr to say. Seit dem big miner strike 1984 bis 1985 haben tausende Miner ihren Job lost und wir young men konnten nischt mal miner werden, da bleibt uns nischt mehr viel, denn auch die Automobile Industrie ist nur noch ein shadow von nothing. This Time wird industrial disease genannt. Da bleibt doch nur noch die army, da kommst du mal weg und wirst gut bezahlt, das ist doch good."

Da pflichtete ihm der Riser bei, denn er meinte: „Ja, David, du kommst mal auf den Kontinent und hier in Nienburg hast du es doch auch sicher nicht schlecht getroffen."

„Yes, of course, hier in Germany is allet sooo clean and entspannt, das was in Northern Ireland, wo isch vorher war, ganz anders, the Irish hate us, das was escht Horror."

„War nett, mal so mit dir zu plaudern", meinte der Riser, „aber ich muss jetzt leider auch mal los."

Also tranken sie beide aus, stellten die Tassen in einen Korb und verließen die Baracke. Und gingen weiter Richtung Parkplatz. Unterwegs erklärte David dann weiter: „Als wir the Lager in Liebenau after the war von der Wehrmacht übernommen haben, da standen Panther Tanks and Stormguns, ihr nennt sie Sturmgeschütze, mussten wir this Lager ja einen name machen, und da kam the first Lagerkommandant auf die idea, da es in einem Kiefernwald liegt und da er ein big Cinemafan was, the Lager nach den Pinewood Filmstudios in Iver Heath in der Grafschaft Buckinghampshire zu benennen, einfach Pinewood Camp, und da James Bond in den Pinewood Filmstudios gemacht wird, hat auch das Pinewood Camp a little bit was mit 007 zu tun", meinte David lachend.

„Cool", meinte der Riser. „Davon hab ich wirklich noch gar nichts gehört, aber wirklich gut zu wissen." Und er lehnte sich an den kleinen Suzuki, der auf dem Parkplatz, auf dem sie inzwischen wieder angekommen waren, stand.

Da meinte David: „Wenn es disch interessiert, dann erzähle isch dir schnell noch was about the Mudra hier."

„Was gibt es denn hier Neues?", fragte der Riser. „Ich kenne das hier nur als Mudra, was ist daran falsch?"

„Nischts, Riser, nur that is der inoffizielle Name der Kaserne, der deutsche Name sozusagen, war eine old Wehrmachtkaserne and der Name kommt von einem German General Mudra and wir Engländer haben der Kaserne den Namen Assaye Barracks gegeben, nach einer Battle September 1803 in Britisch Indien, die wir gewonnen haben, aber hier in Nienburg ist Mudra einfach der Name, den jeder kennt."

„Ich hätte nicht gedacht, das ich heute sogar noch Geschichtsunterricht bekomme. Danke, David, ich bin echt begeistert, hab wirklich was gelernt. Super das ist Perfekt", sagte der Riser. „Klasse, David, das ist sehr gut gelaufen, danke für den Tee." Der Riser reichte David die Hand und dann lud er David in die Powerstation ein, da könne er die Gitterboxen mitbringen, und er fuhr dann alleine Richtung Haupttor, hielt an, gab den Passierschein ab, die Schranke öffnete sich und er fuhr auf die Ziegelkampstraße, um sich dann auf den Weg zur Langen Straße zu machen, wo er sich beim Interfunk-Händler ein C-Netz-Telefon mit Karte besorgte, das er über Netzteil mit 12 Volt betreiben konnte. Denn so wollte er bis zum Ende der Aktion überall mobil telefonieren.

Als er beim Interfunk-Händler ankam und das Geschäft betrat, ging er gleich zum Juniorchef und sprach ihn an: „Hallo, Junior." Er reichte ihm die Hand. „Ich wollte das Telefon abholen, ist damit alles klar?"

Der Junior reichte dem Riser die Hand und lächelte. „Hey Benny, alles klar, hab alles vorbereitet." Und er ging mit dem Riser in den hinteren Teil des Ladens.

Der Junior war das, was der Riser einen Körnerfresser nannte, intellektuell, Gymnasium und die ewige Nummer 2 nach seinem Vater. Er war ca. 1,90 m groß, pummelig, und hatte kurze blonde Haare, und das einzige, was er wollte, war, der alleinige Chef zu werden, das war stadtbekannt.

Er reichte dem Riser dann den Karton mit dem Telefon, inklusive Antenne und Netzteil und meinte: „Wir rechnen dann ab, wenn du das Telefon zurückbringst."

„Alles klar", sagte der Riser und griff sich den Karton.

„Ach, Benny, ich hab hier noch was für dich." Und der Junior ging mit dem Riser zu einer Stereoanlage „Die neueste Sanyo

Stereo Anlage in Bausteinen, der Hitze und Leistung wegen Extra Large und in mattschwarz. Als die kam, wusste ich gleich, die ist was für dich, 360-Watt-Verstärker, Doppelkassettendeck Dolby, Radio, CD Player, Plattenspieler und Dreiweglautsprecherboxen. Die bläst die Dachziegel vom Dach.“.

Da lachte der Riser und meinte: „Junior, ich komme drauf zurück.“

„Benny, deine Ghettoblaster hast du doch auch bei mir gekauft und die hast du ja noch immer und inzwischen hast du schon eine Menge CD bei uns gekauft, da würde ich dir natürlich einen guten Preis machen“, meinte der Junior.

Da grübelte der Riser: „Was ist denn bei dir ein guter Preis?“

„Na ja, Benny, eins fünf VB, dafür gibt es alles einschließlich Rack und das ist ein wirklich guter Preis.“

„Na Junior, so schnell schießen die Preußen nicht und bei fast zwei Riesen muss ich mehr als ein paar Tage überlegen, aber jetzt muss ich los, hab noch viel zu tun. Der Preis ist noch nicht heiß, musst du noch was tun.“

Dann räumte der Riser den Karton mit dem Telefon in den Reiskocher und dann ab nach Hause.

Kapitel 9 : Vorbereitungen und Turbostress

Am nächsten Tag fuhr der Riser in die Powerstation und entlud die Reisschüssel. Als das erledigt war, tauschte er den Carry gegen den Manta 400 und dann wieder zur Powerstation, um dort weiter zu wirken. Er klemmte sein Telefon an eine Steckdose und klemmte eine Antenne an. Dann bestellte er bei Fleischer und Schlachter Knoblich kalte Platten und einen Imbisswagen mit allen Extras. Außerdem sollte der Getränkehändler, der das Bier lieferte, noch ein kleines Bierzelt mit Stühlen und Tischen mitbringen. Dann ließ er sich als besonderen Gag von einem befreundeten Schrotthändler zwei Opel Rekord und einen steinalten Opel Kadett die Dächer abschneiden, denn die Dächer wollte er als Beistelltische benutzen.

Und als die zerpflückten Autos geliefert wurden, machten er und der Flyer, der inzwischen zu ihm gestoßen war, folgendes: Sie nahmen die Türen raus, bauten alle Innereien aus, die Sitze und Bänke wurden als Sitzmöbel weiterverwendet. Dann bauten die beiden Sperrholzplatten auf die geöffneten Autos, um den Hohlraum nach oben abzuschließen. In dem Hohlraum unter der Sperrholzplatte sollten dann die Getränke verstaut werden. So hatte er, wenn er die drei Wagen zusammenschob, eine sehr originelle Bar. Die ausgeschlachteten Sitze und die abgesägten Dächer stellte er als Sitzgruppe vor das geplante kalte Buffet.

Dann fiel dem Riser ein, dass die Gläser ja auch gespült werden mussten, also bauten der Riser und Fly die Kofferraumdeckel ab und bauten dort große Wannen mit Wasser ab und Zulauf ein und schlossen die Leitungen an die Trinkwasserversorgung der Powerstation an. Dort sollten dann die Gläser gespült werden.

Zum guten Schluss stellten sie auf jede Motorhaube eine Lichtorgel, welche aber erst noch an die Musikanlage angeschlossen werden musste und schon war die Bar fertig.

Der Riser und der Flyer waren auf ihre Arbeit wirklich stolz und sehr zufrieden.

Plötzlich hörten sie draußen einen LKW auf den Hof fahren, und als sie rausschauten, sahen sie David, wie er aus einem armygrünen Bedford Truck stieg. Dann war großes Hallo angesagt und der Riser stellte dem Flyer den neuen Steinhuder Ghosthunter, David, vor.

Da meinte der Flyer trocken: „Da braucht David aber noch einen Namen und ein Kuttenbild, das ihn als Steinhuder Ghosthunter ausweist."

„Ja, du hast Recht, Fly", meinte der Riser grinsend. „Wir kümmern uns später darum", erwiderte der Riser und sie standen zufrieden vor der Powerstation, wo im Radio gerade Gold von Spandau Ballet lief.

Zuerst mussten die Gitterboxen vom Truck geladen werden, aber zum Glück stand bei der Powerstation ein Trecker mit Frontlader und langen Gabeln, den griff sich der Riser und er meinte, wer Gabelstapler fahren kann, der kann auch Trecker fahren und so hob er beide Gitterboxen vom Truck und fuhr sie in die Powerstation. So war es echt einfacher, als wenn man die Boxen hätte ausräumen müssen.

Am selben Abend, David fuhr gerade wieder mit dem Armytruck vom Hof, als Linus und Dany einen Abstecher in die Powerstation machten, glaubten sie ihren Augen nicht zu trauen, als sie die neue Bar sahen.

Als Linus das sah, sagte er zu Dany: „Mensch, der Riser hat Ideen, das muss man ihm lassen. Dann nahm er sich eine Zigarette, bot Dany auch eine an, und als die Glimmstengel brannten meinte er weiter: „So was muss einem erst mal einfallen, das sieht gar nicht so schlecht aus."

„Du hast recht", meinte Dany. „Das sieht nicht nur Spitze aus, sondern ist auch sehr originell. Ich frage mich nur, wo sich der Riser wohl gerade herumtreibt."

Im selben Moment kamen der Riser und sein Kumpel aus der Grube gekrochen. Als er die beiden sah, winkte er ihnen zu, kam mit seinem Kumpel auf sie zu und dann war Begrüßung angesagt.

Der Riser fragte die beiden: „Na,was sagt ihr denn zu unserer neuen Bar? Sieht doch gut aus, oder?“

Da konnte Linus nur wiederholen, was er schon zu Dany gesagt hatte, nämlich dass es wirklich spitze aussah.

Dann fragte ihn der Riser: „Sagt mal, habt ihr bei euch einen guten Elektriker? Ich brauche nämlich noch jemanden, der uns die ganzen Lauflichter, Lichtorgeln, Lautsprecher und vor allem die Stereoanlage in die Grube installiert. Und dann müssten noch einige andere Dinge verlegt werden. Habt ihr da vielleicht jemanden, den ihr empfehlen könnt.“

Da dachten sie einen Moment nach und dann sagte Dany zu ihm: „Ich würde es einmal mit Petmet versuchen. Der ist so ein kleines technisches Genie. Der kann dir deine Strippen schon ziehen.“

Da dachte der Riser einen Moment darüber nach, wer eigentlich dieser Petmet war, und als bei Ihm der Groschen gefallen war, sagte er zu Linus: „Wo kann ich denn diesen Petmet finden, denn wir müssen mit dem Strippen Ziehen langsam fertig werden.“

Da gab ihm Linus bereitwillig die Adresse von Petmet.

In diesem Moment klopfte es an der Tür und Coco, die Freundin vom Flyer, stand in der Tür. Coco war 20 Jahre alt, ca. 170 cm groß, hatte schulterlange blonde Haare und blaue Augen. Sie hatte eine gute, üppige Figur und war modisch mit Jeans und Sweatshirt bekleidet und hatte ein Faible für viel zu große Ohrringe und grellen Nagellack. Sie stand nun sehr unschlüssig vor der Tür, sodass der Riser erst mal zu Coco lief und sie in die Powerstation einlud.

Dann stellte der Flyer seine Kleine vor, dann verabschiedeten sich die Hirschburger und der Riser drückte dem Flyer die Adresse von Petmet in die Hand und schob ihn ab, er flüsterte ihm zu: „Schieb ab, ich fühle deiner Kleinen auf den Zahn, sieh zu, dass du den Petmet erreichst." Und dann stanzte auch der Flyer ab und der Riser war mit Coco alleine, die sich fragte, ob sie träumt, dass plötzlich auch der Flyer abfuhr.

Dann schob der Riser Coco in die Fernsehecke und bot ihr einen Kaffee an. Da sie gerne einen Kaffee hätte, stellte der Riser ihr eine Tasse auf den Tisch, auch die Milch und den Zucker vergaß er nicht und fragte sie dann: „Coco, du kannst mich auch einfach Benny nennen, Riser ist nur für den Moppedclub. Ich möchte dich mal etwas fragen. Fly ist sehr unglücklich, denn er meint, du fährst schon lange nicht mehr mit ihm Motorrad, sind wir, die Ghosthunter, der Grund, sind wir dir zu proletisch?"

Da schaute Coco vom Kaffee auf und erwiderte dann: „Nee, nee, Benny, an euch liegt es nicht, das hat andere Gründe."

Da bohrte der Riser weiter: „Oder liegt es vielleicht an der Maschine, die der Flyer fährt." Dann rührte er im Kaffee rum und sprach weiter: „Die Katana ist eine Fahrermaschine, die Sozia hat da eigentlich nicht viel zu lachen, das weiß ich."

Da sprudelte es aus Coco heraus: „Der Bock ist für mich einfach zu unbequem und ich habe nur einen Jethelm und sitze ein bisschen überhöht über dem Flyer und kriege den ganzen Dreck und Fliegen ins Gesicht das ist wirklich nicht schön. So versuche ich möglichst wenig auf der Kiste zu sitzen, das ist alles."

Da stand der Riser auf und meinte zu ihr, während er eine Kassette in den Rekorder legte und auf Start drückte und Feargal Sharkey „A good Heart" sang: „Das habe ich mir gedacht, würdest du denn mit dem Flyer fahren, wenn er ein anderes Motorrad fahren würde, das deinen Ansprüchen entgegen kommen würde?"

Darauf erwiderte Coco: „Klar würde ich wieder mitfahren, ich fahre gerne Motorrad, nur ein bisschen bequemer sollte es sein."

In diesem Moment kam der Flyer wieder in die Powerstation und der Bruchpilot winkte ihn zu sich heran.

„Fly, dein Problem ist gelöst und Coco hat mir gerade bestätigt, was ich eigentlich schon vermutete."

Da unterbrach ihn der Flyer und fragte, was denn los sei.

„Fly, deiner Freundin ist dein Bock einfach zu unbequem, und wenn ihr beiden weiter glücklich zusammen sein wollt, müsstet ihr eine Entscheidung fällen“, meinte der Riser, der sich noch mal Kaffee nachschenkte.

„Welche Entscheidung sollte ich denn treffen?“, meinte der Flyer.

„Du musst dir einen anderen Hobel kaufen, bist du dazu bereit?“, fragte ihn der Riser, „denn du musst bedenken, dass du nicht alleine auf deinem Bock sitzt und dass auch deine Sozia ein Mitspracherecht hat.“

„Aber immer“, erwiderte der Flyer, „wenn es nötig ist, dann schieße ich die Katana eben in den Wind, der Windschutz ist sowieso ziemlich bescheiden.“

„OK“, meinte der Riser, „dann habe ich hier was Neues für dich. Ich habe mir schon gedacht, als du mit mir gesprochen hast, dass es vielleicht etwas mit deiner Maschine zu tun hat. So habe ich mich also auf den Weg gemacht und habe dir was anderes aufgetan.“

Da wurde der Flyer recht pikiert und meinte: „Was für einen Schrotteimer hast du mir denn zugedacht?“

Da herrschte ihn Coco von der Seite an: „Das ist aber nicht sehr nett, was du da von dir gibst. Benny will uns doch nur helfen. Lass ihn doch wenigstens ausreden.“

Da sprach dann der Riser weiter: „Also, ich habe mit Eisenbrenner gesprochen, bei dem habe ich die Turbo gekauft, und alles, was sonst so anliegt, lasse ich bei ihm machen. Der ist die Vertragswerkstatt meines Vertrauens. Also, ich habe ihn dazu gebracht, dir für deine Katana eine gleich alte Honda CB 750 Bol dÒr mit 18000 km, eine F-2 mit Vollverkleidung, 78 PS in einer Sonderlackierung zu tauschen.“

Da wusste der Flyer erst mal nicht, was er da sagen sollte, doch dann fragte er: „Was ist denn das für ne Farbe und was für ne Verkleidung?“

„Die Lackierung ist bei Heyer in Nienburg gemacht worden und ist weiß und dunkelrot, sehr chic“, sagte der Riser. „Und die Verkleidung hat vorn zwei Scheinwerfer drin, sieht echt stark aus. Ich habe dem Eisenbrenner Bescheid gesagt, dass du und Coco vorbeikommt und euch den Hobel mal anseht, also seht zu, dass ihr noch schnell vorbeikommt und probesitzt, und sei dir sicher, die ist sehr bequem.“

Dann schob der Riser die beiden nach draußen, dort fragte er den Flyer nach Petmet, dieser meinte, der wollte im Laufe des Abends kommen. Dann drückte der Riser Coco seinen Helm in die Hand und meinte, dass sie diese Fahrt doch noch auf der Katana überstehen würde.

Da gab er dem Flyer die Adresse in Landesbergen und gab ihm mit auf den Weg: „Ehe ich es vergesse, ich habe mit dem Eisenbrenner abgemacht, dass ihr auch noch einen Integral-Helm für Coco mitbekommt, einen AGV in Größe und Farbe nach Wahl„ach, wartet noch einen Moment.“

Dann lief er rein und holte seine Lederjacke, zog die Kutte runter und reichte Coco die Jacke rüber, sie sollte ja nicht verkühlen auf der Fahrt, und dann klopfte er beiden auf die Schulter und der Flyer mit Freundin knatterten los. Der Riser ging wieder in die Powerstation und rief mit dem Mobiltelefon den Eisenbrenner an.

Als er ihn an der Strippe hatte und die Begrüßung vorbei war, sagte er: „Mein Kumpel, der Flyer, kommt gleich, schrieb schon mal die Honda Bol dÒr raus und schraube das rote Kennzeichen dran. Packe ein paar schöne rot-weiße AGV Helme aus und ich hoffe, dass es bei unserem Deal bleibt.“

„Aber klar, gesagt ist gesagt“, meinte Eisenbrenner. „Ich habe dir doch gesagt, dass ich da einen habe, der scharf auf eine 750er Katana ist, und wenn die Katana auch nur halb so gut gepflegt ist wie deine Turbo, dann kann ich nichts falsch machen. Sei mir jetzt aber nicht böse, ich habe Kundschaft, bis bald.“

Der Riser verabschiedete sich, legte auf und war eigentlich

ganz zufrieden mit sich, und Gerry Rafferty sang über die Baker Street. Da dachte der Riser bei sich, dass er auch mal wieder nach London wollte, denn dort lag die Baker Street, und er war ein großer London-Fan. Und so wartete er auf Petmet, der noch kommen wollte.

Nach einiger Zeit trudelte dann Petmet ein und der Riser erklärte ihm, wie er sich die Sache vorstellen würde. Zuerst sollte die Musikanlage in der Grube untergebracht werden, die Anlage lag schon hinten in der Ecke. Da meinte Petmet nur, dass er sich das Ding erst mal anschauen wollte und er ging mit dem Riser nach hinten zur gut verpackten Stereoanlage. Dann schleppten die beiden die Kisten zur Grube und packten dort erst mal die Geräte aus.

Also, es waren zwei Plattenspieler, zwei Kassettendecks, ein Verstärker mit 1800 Watt und zehn Lautsprecher a 200 Watt, ein großes Mischpult und diverse Lauflichter und Lichtorgeln.

Als sie alles ausgepackt hatten, meinte der Riser: „Das ist aber noch nicht alles, wir brauchen auch noch elektrische Anschlüsse an den Bars und am kalten Büfett und auch draußen wird Strom benötigt."

Da schnackelte Petmet erst mal mit den Ohren und er antwortete: „Heute ist Dienstag, Wie lange habe ich denn Zeit?"

Da erwiderte der Riser spontan: „Möglichst bis Freitag, denn am Samstag soll die große Sause starten."

„Wie soll ich das denn schaffen", meinte Petmet und schüttelte mit dem Kopf, „aber ist egal, ich habe zwar nicht viel Zeit, aber zum Glück Urlaub und ich hoffe, dass ich es dann bis Freitag schaffe, aber nur unter der Voraussetzung, dass ich alles kriege was ich brauche, ist das klar?"

Da fragte ihn der Riser misstrauisch: „Was brauchst du denn alles, wir sind doch nicht Krösus."

„Das ist alles halb so schlimm.", erwiderte Petmet. „Ich brauche Holzbalken, Sperrholz, Schrauben, Nägel, Klemmen und Kabel. Selbstverständlich auch Werkzeug und Hilfe, das ist alles.“

„Das geht in Ordnung. Das Sperrholz und die Balken haben wir schon“, meinte der Riser und er ging neben eine Bar. „Ich weiß ja nicht, wieviel Holz du brauchst, aber hier beim Barbau ist einiges übriggeblieben, das kannst du ja erst mal verarbeiten. Das gleiche gilt für Nägel und Schrauben. Werkzeug habt ihr hier in der Powerstation mehr als genug und das mit der Hilfe kriegen wir auch hin.“ Dann griff er in die Tasche, holte zwei Blaue raus und sagte: „Hier hast du zweihundert Mark, dafür kannst du alles andere kaufen, was du noch brauchst.“

Und er reichte Petmet das Geld rüber, welches Petmet einsteckte. Dann machte er sich auf den Weg, das Holz und die Utensilien zu untersuchen. Als dieses geschehen war, kam er zum Riser zurück und sagte: „Davon kann ich einiges gebrauchen, und was ich dann sonst noch brauche, kann ich dann morgen kaufen. Das mit euren Bars ist eine wirklich gute Idee, wie habt ihr euch das gedacht?“

„Das ist ganz einfach, wir nehmen den weißen Rekord als Sektbar, den roten Rekord als Bar für härtere Sachen und Mixgetränke und den Kadett als Bierbar und für alkoholfrei-Getränke. So gewöhnen sich die Barkeeper schneller daran, was bei ihnen wo steht, und sie haben dann nicht so viele verschiedene Getränke auszuschenken. Ist das was?“

„Ist ne super Idee und wird jedem gerecht“, meinte Petmet., aber jetzt musst du mich entschuldigen. Ich schaffe jetzt erst mal die Stereoanlage in die Grube.“

Als der Riser seine Hilfe anbot, lehnte Petmet dankend ab, denn er meinte in der Grube ist es für einen schon eng genug. Und dann dackelte er ab und der Riser ging zur Videoecke und wollte ein bisschen Video schauen, als das Mobiltelefon klingelte. Als er abhob, meldete sich am anderen Ende der Flyer: „Hallo, Riser, ich bins, Fly. Ich wollte dich mal was fragen.“

„Na dann schieß los“, antwortete der Riser.

„Es geht um die Honda“, erwiderte der Flyer. „Coco ist total begeistert und auch ich bin sehr überrascht und nun wollte ich dich fragen, was du von dem Ofen hältst und ob du den Bock auch kaufen würdest oder ob du die Finger davon lassen würdest."

„Nein, Fly, sei mal ganz beruhigt. Ich würde den Bock auch kaufen, dabei kannst du eigentlich nichts falsch machen, die ist topgepflegt und super ausgestattet. Wenn die nichts taugen würde, hätte ich diesen Deal nicht eingefädelt. Apropos, habt ihr einen Helm für Coco bekommen?"

„Klar", erwiderte Fly. „Dafür danke nochmal und ich habe mir gleich denselben Helm gekauft, so im Partnerlook. Ach, noch ne Frage: Ich wollte für Coco Lederkleidung kaufen, kann ich die bei Eisenbrenner kaufen?"

„Nee, lass das mal", antwortete der Riser. „Fahr ein paar Kilometer weiter nach Leese, das heißt Leder in Leese, da kauft auch Eisenbrenner ein. Nur dass du in Leese nicht den Eisenbrenneraufschlag zahlst. Ach noch eins, bringt mir im Laufe des Abends den Helm und die Jacke von mir vorbei, sonst muss ich hier übernachten. Bis dann, grüß deine Kleine, bis nachher."

Dann legten beide auf.

Und der Riser kramte in der Videosammlung rum und holte sich einen Schimanski-Tatort aus der Sammlung mit dem Titel „Das Mädchen auf der Treppe„. Er schaute den Film und schlabberte Cola und Petmet fuhrwerkte in der Grube rum.

Der Tatort war gerade zu Ende und der Abspann lief und der Riser sagte zu sich, das er das Lied „Das Mädchen von der Treppe von Tangerine Dream" unbedingt haben musste, als draußen ein Motorrad vor der Powerstation stoppte. Da stand der Riser auf und ging zum Eingang. Draußen stiegen gerade der Flyer und Coco von der Honda, was den Riser doch sehr überraschte. Dann fiel ihm Coco auch schon um den Hals und sah dabei sehr glücklich aus, und der Flyer schleppte grinsend den Helm und die Jacke vom Riser herbei. Und als sich dann Coco vom Riser gelöst hatte, drückte ihm der Flyer die Sachen in die

Hand und meinte: „Ich habe die Honda gleich mitgebracht, es war bei mir und Coco Liebe auf den ersten Blick, morgen wird die Katana abgemeldet und die Honda angemeldet. Und wie du siehst, waren wir auch in Leese und haben für Coco Kleidung gekauft. Du hattest recht, es war alles um gut 20 bis 30 % billiger als bei Eisenbrenner.“

Dann fiel er dem Riser um den Hals und bedankte sich bei ihm für seine Hilfe, doch der Riser meinte bescheiden: „Ich bin euer Vize und wenn ihr Probleme habt, ist es meine Pflicht zu versuchen, euch zu helfen, und ich freue mich immer wieder wenn ich Erfolg habe.“

Dann drückte Coco ihm noch einen Kuss auf die Wange und dann verabschiedeten sich die beiden, und sie sahen wirklich Glücklich aus.

Da wandte sich der Riser um und rief Petmet, der dann langsam aus der Grube gekrochen kam. Als der Riser fragte, wie es aussieht, meinte Petmet, dass es langsam vorangeht, bei der Musikanlage sah er schon Land. Da schlug der Riser vor, dass sie für heute Schluss machen sollten und Petmet stimmte dem zu, sodass beide dann die Powerstation verließen und gen Heimat fuhren.

*

Am nächsten Morgen traf zuerst Petmet in der Powerstation ein, der sich sogleich wieder in die Grube begab und dort weiter an der Musikanlage arbeitete.

Der Riser währenddessen machte sich in Lemke auf den Weg nach Hirschburg. Es war keine Sonne am Himmel, zum Glück regnete es nicht, darum nahm er die Turbo. So wäre er, wie er dachte, schneller da, wo er hinwollte.

Auf der Hochstraße angekommen machte er den Hahn auf und es zog mit viel Gas voran, alles war ok, nur plötzlich auf Höhe der Clausewitz Kaserne brach die Turboladeanzeige zusammen und die Turbo wurde irgendwie schlaff, das gab ihm zu grübeln. Er fuhr auf eine Bushaltestelle, stellte die Maschine ab und wartete einen Moment. Die Autos rauschten an ihm vorbei und er wartete noch ein paar Minuten.

Dann startete er und fädelte sich wieder in den Verkehr ein und es ging weiter nach Hirschburg. Er fädelte über die Landstraße Richtung Husum und alles war schön, nur so ein Ärger, die Turboladeanzeige war noch immer tot.

Da fuhr der Riser fluchend einfach in Husum ab und wollte schnell bei Eisenbrenner vorbeischauen. Gut zehn Minuten später rauschte er mit der Turbo beim Eisenbrenner auf den Hof und fuhr gleich vor die Werkstatt die offen war, da das große Rolltor geöffnet war.

Er kickte den Seitenständer runter, machte die Turbo aus und schwang sich von seinem Bock. Das war noch nicht geschehen da trat Eisenbrenner durch das Rolltor, er war wohl Mitte 50 mit eisgrauen Haaren, sehr pummeliger Figur und bei 170cm Größe wohl mit ca. 90 kg etwas übergewichtig, seit vielen Jahren der Motorradhändler vom Riser, hier hatte er schon seine Mofas, Mokicks, Leichtkrafträder und auch Motorräder gekauft.

Er hatte einen Blaumann an und grinste, als er den Riser sah. „Hallo Benny, schön, dich zu sehen, wie geht es dir?“ Und er streckte Ihm die Hand entgegen. Die ergriff der Riser und antwortete: „Alles Ok, Aber schlimmer ist, die Turbo hat ein Problem, du musst mal schauen.“

Da zog Eisenbrenner die rechte Augenbraue hoch und fragte: „Dann erzähl, was ist denn, die ist doch noch fast neu.“

Da erzählte der Riser, dass die Ladeanzeige tot sei. Da schüttelte Eisenbrenner den Kopf und meinte: „Ja, Benny, das habe ich mir fast gedacht.“ Dann ging er vor der Turbo auf die Knie und redete weiter. „Hier hinter der unteren Verkleidung, hinter dem Aluteil, liegt der Turbolader.“ Und er zeigt auf den Lader. „Da sind die Leitungen für das Abgas und die Fischluft, die Abgase treiben den Lader auf der einen Seite an und mit der anderen Laderseite saugt die Turbine Frischluft ein und drückt diese mit 0,7 Bar in den Motor. In der Abgasleitung über dem Lader gibt es ein Sicherheitsventil, eine Drosselklappe, das dafür sorgt, dass der Druck im Lader nicht über 0,7 Bar steigt, nur leider hat Kawasaki im Moment ein Problem mit den Turbos, du hast eine 750 Turbo der Baureihe MK I, die haben seit Monaten ein Turboladerproblem, ich hab vor ein paar Wochen ein Rundschreiben bekommen, dass bei manchen Drosselklappen die Anschlagschraube verschwindet und dadurch die Klappe hängenbleibt, wie wohl jetzt auch bei dir, und da du der einzige Turbofahrer im Landkreis bist, konnte ich eigentlich damit rechnen, dass du hier erscheinst."

Da brauste der Riser auf: „Danke, das hättest du mir aber auch ankündigen können, ist ja unglaublich, was ist denn los? Die Kiste war sehr teuer wie könnt ihr so was machen?"

„Bleib entspannt, es hätte nichts passieren können. Du hast im schlimmsten Falle nur weniger Druck am Gashahn, sonst konnte nichts passieren."

Dann kam Eisenbrenner wieder hoch und sagte zum Riser: „Für Kawasaki ist die Turbo ein Imageträger, bis auf Suzuki haben alle großen japanischen Hersteller eine Turbo im Angebot, also auch wir. Aber keine Sorge, das ist ein wirkliches Verlustgeschäft, die paar hundert Maschinen, die wir hier in Deutschland absetzen, sind wirklich nicht die Welt. Du weißt ja, dass du die einzige Turbo fährst, die bei mir über den Ladentisch ging, die ist einfach extrem technisiert und sehr teuer."

„Und was sollen wir jetzt tun?", fragte der Riser.

Da nahm ihn der Eisenbrenner beiseite und sagte: „Ich könnte dir ein Angebot machen, ist von Kawasaki höchstpersönlich: Du gibst deine Turbo zurück und nimmst eine neue GPZ 1100 als Ersatz, das ist ein offiziellen Angebot von Kawasaki an alle Turbofahrer."

Da wurde der Riser wütend. „Nix da, repariere meine Turbo, aber fix."

„Ok“, meinte Eisenbrenner, „lass uns die Turbo weiterschieben.“ Und das taten die zwei. Als sie neben einer Bühne stand, bockte der Riser die Turbo auf, zog der Zündschlüssel ab und reichte ihn dem Eisenbrenner.

„Die Teile werden beschafft und Ich werde den Turbo und die Drosselklappe erneuern, also auf den Stand MK II bringen, alles auf Garantie, kein Problem“, meinte der Eisenbrenner.

„Ab nun, wie geht es weiter, ich muss weiter, wir haben bald eine große Fete in Hischburg, ich muss noch viel vorbereiten“, meinte der Riser

Da grinste der Eisenbrenner. „Ja, ich hab davon gehört, dann komm mal mit.“ Und sie durchquerten die Halle, der Eisenbrenner fuhr auf dem Weg gerade einen Mechaniker an, er sollte das Motorrad besser absichern, das könnte kippen. Sie gingen in sein Büro, da ging er zu einem Schlüsselkasten und entnahm ihm einem Schlüssel. Den reichte er dem Riser. „Hier, nimm die, ist die neueste GPZ 1100, mein Vorführofen, den fährst du, so lange deine Turbo hier steht, vielleicht gefällt sie dir ja.“

Und während er das sagte, gingen sie durch die Halle auf eine Rote GPZ zu, sah gut aus, aber war keine Turbo, dachte sich der Riser.

Da sagte der Riser zum Eisenbrenner: „Die Turbo ist eine 750er mit den Fahrleistungen einer 1100er, wenn Ich eine 1100er gewollt hätte, so hätte ich sie ja kaufen können, Eisi, denn beide kosten, wie du weißt, gleich viel, aber mir ging es um die 750er nicht um die große 1100er. Aber OK, ich nehme die 1100er und mache mich jetzt auf den Weg und du schraubst mir meine Maschine ganz. Und jetzt was nur unter uns zweien, du machst meine Turbo dann auf, dann hat sie 112 PS und alles ist chic.“

Da eierte Eisenbrenner rum. „Das ist nicht so mein Ding, das ist doch echt gefährlich.“

„Ach, Eisi, was jammerst du rum?“, sagte der Riser. „Jedes Motorrad über 50 PS ist eine gefährliche Maschine, da ist das

Risiko immer dabei und ob ich nun 27, 50, 100 oder 112 PS habe, das Risiko ist das gleiche, denn in dieser Leistungsklasse ist alles hochgradig gefährlich, da sind Kräfte am Werke. Die sind ungeheuerlich, wenn die Turbo offen ist, ist sie so stark wie ein VW Golf GTi von der Geschwindigkeit und der Beschleunigung gar nicht zu reden, die Beschleunigung liegt mit unter drei Sekunden auf 100 Km/h auf Porsche-Turbo-Niveau. Das ist ein hochgefährliches Hobby, da muss man wissen, was man tut, denn wenn man sich mit so einem Eisenteil bei hoher Geschwindigkeit ablegt, sind schwere Verletzungen oder der Tod die Folge, das ist mir schon klar, glaub mir." Dann grinste der Riser und meinte: „Fahre nie schneller, als dein Schutzengel fliegen kann."

„Ach Benny, du schaffst mich, aber du hast recht mit deiner Argumentation, das ist was für Typen, die wissen, was Sie tun. Bei dir denke ich, dass du weißt, was du tust. Ok, ich mach sie auf, aber dann behalte es für dich. Ich mach das nur für dich und bitte sei vorsichtig, die ist dann für über 250 km/h gut. Pass dann auf dich auf, ich bitte dich", sagte der Eisenbrenner.

Da grinste der Riser. „Ich mach dir keinen Ärger, Eisi, keine Angst."

Dann steckte der Riser die Mopedpapiere ein, setzte den Helm auf und dann ging es auf den neuen Bock und dann mal spüren, oh ja, fühlt sich gut an, dachte der Riser. Dann startete er, ließ sie etwas röddeln, kickte dann den ersten Gang ein, winkte dem Eisenbrenner noch mal zu und dann ging es ab und das fühlte sich gut an.

Als er nun so unterwegs war, dachte er, ja, die ist was anderes, nicht so spontan, etwas schwergängig und etwas schwer in die Kurve zu schmeißen, alles sehr weich und locker, brauchte mehr Körpereinsatz, aber Druck hatte sie.

Dann gaste er weiter nach Hirschburg und gewöhnte sich langsam an die neue Maschine

*

Ne halbe Stunde später kam dann auch der Riser in Hischburg an, stellte die 1100er ab und begann damit, die schon vorhandenen Getränke in die Bars zu räumen und damit hatte er viel zu tun. Dabei lief im Radio „Road to Nowhere“ von den Talking Heads und aus der Grube hörte er geschäftiges Rumoren.

Als nächster kam der Flyer, der wirklich zufrieden aussah. Als ihn der Riser ansprach, lächelte er süffisant und meinte: „War ne coole Nacht, wollte ich dir nur sagen. Die Honda ist jetzt auch schon auf mich zugelassen und die Katana ist Geschichte und das Beste ist, dass Coco jetzt wieder richtig heiß auf Motorradfahren ist.“

Da kam der Riser hinter der Bar hervor und klopfte dem Flyer kameradschaftlich auf die Schulter und aus der Grube hörten die beiden das erste Mal richtig Musik. Es war ELO mit „Don‘t bring me down“. Das hörte sich bei der Anlage wirklich gut an.

Da meinte der Flyer trocken: „Mit der Anlage und diesem Sound kann ja nichts mehr schiefgehen, wo ist eigentlich deine Turbo? Hab sie draußen nicht stehen sehen.“

„Werkstatt, der Turbolader, die 1100er ist die Ersatzmaschine“, grinste der Riser

„Unter groß machst du es nicht, was?“, lachte der Flyer

„Big is Beautiful”, grinste der Riser.

Dann beschäftigten sich die drei weiter mit der Vorbereitung der Fete. Zwischendurch telefonierte der Riser mit dem Getränkehändler nach dem kleinen Bierzelt und mit dem Fleischer nach dem Imbissstand und beide sagten zu, dass die bestellten Dinge spätestens morgen Abend aufgebaut vor der Powerstation stehen würden.

Da war der Riser beruhigt und sie hörten noch ein Weilchen Musik, denn alle Lautsprecher, Lichtorgel und Lauflichter waren angeschlossen und als Alan Parsons „Lucifer“ spielte, sah das mit den Lichtreflexen echt super aus.

Dann gingen sie heim, denn der Tag war lang und anstrengend.

*

Am nächsten Tag wurden unter der Aufsicht von Bodie und Doyle das Bierzelt und der Imbissstand aufgebaut.

Währenddessen schoben Bodie und Doyle drinnen die Videoecke und Küchenzeile zusammen und bauten eine Spanische Wand davor auf, damit die Gäste sich nicht über die Videoecke hermachen würden. Wie Doyle meinte, sei Vorsicht die Mutter der Porzellankiste. Und aus dem Radio singen die Rubbettes „I can do it“, und die Profis taten es.

Als das erledigt war, riefen die beiden den Riser an, um ihm Bescheid zu sagen, dass draußen alles vorbereitet war, und dann fuhren sie mit dem Capri von Doyle ins Fitness-Studio.

Kapitel 10: Big Fete

Schon früh am Samstagmorgen kamen die ersten Ghosthunter, um den großen Tag vorzubereiten. Das kleine Bierzelt stand ja schon, also mussten die Ghosthunter nur noch die Bierfässer aus der Powerstation holen und im Zelt beim Tresen verstauen. Den Anstich des Fasses sollte Dirty Harry am Abend übernehmen.

Dann wurden im Bierzelt die Stühle und Tische aufgestellt. Der Schlachter bestückte seinen Imbissstand mit allerlei zum Grillen und Braten. Drinnen unterdessen wurde die große Kühltruhe mit genügend Eiswürfelbeutel bestückt, denn der Abend sollte lang werden. Als die Bars einsatzbereit waren, fragte Harry plötzlich: „Habt ihr auch genug Alk?"

Als der Flyer das hörte, hielt er einen Moment inne, die Gefriertruhe mit Eiswürfelbeuteln zu pflastern und rief Dirty Harry zu: „Du fragst, ob der Alk reicht? Noch so eine dumme Frage und du bekommst den Gin Fizz des Tages. Wir haben hier so viel Alk, dass wir darauf bald einen Panzerkreuzer schwimmen lassen können, reicht dir das als Antwort?"

Als Dirty Harry das hörte, sagte er nichts mehr.

Gegen Mittag waren die letzten Vorbereitungen abgeschlossen und dann wurden die Aufgaben für den heutigen Tag verteilt, danach warteten sie auf die ersten Gäste.

Als erstes trudelten die Hirschburger ein, sie scharten sich sogleich um die Bars und kippten einen zur Begrüßung hinter die Binde.

Als Ralf den ganzen Aufwand sah, fragte er den Riser: „Mann, wenn ich das hier so alles sehe, dann frage ich mich, wie ihr das alles bezahlt?"

Da meinte der Riser zuversichtlich: „Das ist nicht so schlimm, wie es aussieht. Und bei der Penunse geht das folgender maßen, Draußen zahlen die Gäste einen sehr angemessenen Beitrag und hier drinnen stehen, wie du siehst, auf jeder Bar leere 10-Liter-Bierfässer oben mit Schlitz als Geldsammelbüchsen. Da kann dann jeder, der will, so viel Geld, wie er kann, reinstecken und da kommt so einiges zusammen. Da sind wir Motorradfahrer immer schon solidarisch gewesen ,denn jeder weiß was so eine Fete kostet."

Da war Ralf zufrieden und er trollte sich Richtung Buffet und schnappte sich einen Hähnchenschenkel.

Langsam füllte sich die Powerstation, denn die Big Biker aus Neustadt waren eingetroffen. Inzwischen lief auch Musik von Band Foreigner mit „Urgent."

*

Als nächstes kam David aus der Mudra, der als erstes erst einmal seine Kawasaki bei den Motorrädern der Ghosthuntern abstellte und sich vorne am Eingang beim Flyer nach dem Riser erkundigte.

Der bat David, einen Moment zu warten und er schrie quer durch die Halle: „Riser, bitte sofort zum Eingang."

Und er grinste, als er David sagte: „Die Nülpe kommt gleich." Und er hat noch nicht lange ausgesprochen, da stand der Riser neben ihnen.

„Hallo, David, come in, du gehörst zu uns." Und er führte den Tommy ein. „Hallo, Leute, hier ist ein neuer Ghosthunter, David McCullum, wie ihr am Namen hört, aus Schottland. Er gehört zu uns, gewöhnt euch daran. Es ist alles mit Dirty Harry geklärt." Und er grinste dabei. „Vielleicht fällt euch ja heute Abend ein cooler Namen für ihn ein." Dann drückte der Riser dem Tommy ein Bier in die Hand und meinte, „willkommen im Club", und prostete ihm auch mit einem Bier zu.

Da kam dann der Bruchpilot zum Riser und fragte ihn: „Wann machst du den Discjockey?"

Da schaute sich der Angesprochene um und antwortete: „Ich denke, so ab 20 Uhr, denn dann müssten alle da sein und mit dem Essen fertig sein, sodass geschwoft werden kann."

Und schon trafen die nächsten ein, es waren die Power Boosters die da durch die Tür stürmten. Dann trafen auch endlich die Hannoveraner Ghosthunter, ein die mit viel Hallo begrüßt wurden. Als dann auch noch die Marsians draußen ihre Maschinen auf dem Parkplatz vor der Powerstation abstellten, war der Parkplatz voll, alle jetzt noch kommenden Besucher mussten ihre fahrbaren Untersätze auf den Feldwegen und Straßen bei der Powerstation abstellen.

Am späten Nachmittag trafen dann auch die Intruders aus Seelze und die Ghost Arrows aus Garbsen ein. Als nächste wurden dann die Ghosthunter aus Minden begrüßt und die waren echt gut drauf.

Es wurde gespachtelt und getrunken, was das Zeug hielt, und auch die leeren Bierdosen (Geldsammeldosen) füllten sich wie geplant. Es herrschte eine Bombenstimmung und die Leutchen waren locker und zufrieden. Zwischendurch kamen immer wieder ein paar Nachzügler, die dann auch sofort in den feiernden Kreis aufgenommen.

Es war gegen 19 Uhr kaum zu übersehen, wie viele Biker und Bikerinnen da herumtobten, schätzungsweise könnten es 120 Leute gewesen sein, die auf die Musik warteten.

Der Riser dachte so langsam bei sich: „Es wird langsam Zeit für deine Show und deine flotten Sprüche, von der Musik nicht zu reden." Dann schob er das große Tor der Grube auf und als er damit fertig war, schaute er sich erst einmal die Anlage an und die Einordnung der Platten, Singles und Kassetten vergaß er auch nicht.

Und dann quasselte der Riser als Discjockey ins Mikro: „Hey Leute, die ihr da draußen vor der Powerstation rumhängt, tut mir mal den Gefallen und kommt mal für einen Moment rein. Während ihr hereinkommt spiele ich für euch Talk Talk mit „Such a Shame", ist das gut? OK, dann kommt rein, während ich euch den Hit um die Ohren fetze."

Dann riss er den Regler vom Plattenspieler auf und ließ die

Musik laufen. Als die Scheibe durchgelaufen war, meldete er sich wieder über die Lautsprecher und sagte: „Das nächste Mal lasst ihr mir möglichst auch noch einen Parkplatz über, ja? Denn ich habe keine Lust ein Circulus Ewigsuchus zu werden. Damit meine ich natürlich einen verzweifelten Parkplatzsucher."

Dann machte er eine Kunstpause, spielte einen Tusch und redete weiter: „Und nun möchte ich mich vorstellen, ich bin der Riser und sitze hier unten in der Grube und mache für euch heute Abend, meine Freunde, den Discjockey. Musikwünsche nehme ich dankend entgegen. Und nun zu meinem Auto, welches ich aus Parkplatznot auf der Hebebühne deponieren musste. Und das da oben ist mein kleiner Bomber. Der ist voll Manta 400. Da, wo hinten der Dampf rauskommt, hat er eine 4 in 2 linksgedrehte Mattig-high-Tec-Special-Auspuffanlage, siegellochgestanzt. Vierfach Einbrenn-Lackierung. Ausstellfenster? Selbstverständlich. Und unter der Haube ein16-Ventiler mit 2,4 Liter Hubraum und 180 turbogeile, gedopte Elefantenküken. Nur wenn es interessiert die Fortsetzung folgt nach dem nächsten Titel, nämlich ELO mit „Roll over Beethoven", wenn das bloß der alte Beethoven noch miterleben könnte." Dann kreischte er los: „Kommt, Jungs, haut es ihnen um die Ohren."

Und schon drosch ihnen das Electric Light Orchestra um die Ohren, dass die meisten die Tanzfläche stürmten und abrockten.

Als der Bruchpilot das Getümmel auf der Tanzfläche sah, sagte er zum Dirty Harry: „Mensch, der Typ versteht es aber, Stimmung zu machen." Da grinste Harry und meinte: „Tja, Mann, der Riser hat viele Qualitäten."

Dann widmete er sich wieder seinem kühlem Malzbier und der Bruchpilot außerdem noch seiner Freundin, die ihn mit Gewalt auf die Tanzfläche zerren wollte. Doch dann war das Lied zu Ende und der Riser sagte weiter: „So, Freunde, seid ihr wieder bei Atem, wo waren wir denn stehen geblieben?"

Da rief jemand durch das Gitter in die Grube herab: „Bei den Elefantenküken."

Da rief der Riser aus der Grube: „Gut aufgepasst, der Mann, wie heißt der Mann? Erschießen, den Mann, und nun Schurz bei Seite, nur wen es interessiert: Verchromte Achsschenkelbolzen, verstärkte Querträger, Benzinvernichtungsanlage, Ölein- und Ausspritzanlage. Und ein Interieur, ich sage nur Zucker. Dies nur für die, die es interessiert. Und nun weiter mit Musik, jetzt kommt was Schnuckeliges zum Schmusen, nämlich Purple Schulz, nein, nicht Purple Rain, Purple Schulz mit „Sehnsucht" oder auch „Ich will raus„. Und ich will auch gleich raus, wenn ich nicht bald meinen Scotch on the Rocks bekomme."

Dann ließ er die Musik abfahren.

Dann ging der Bruchpilot zur roten Bar und ließ sich einen Scotch 16 Jahre aus der Riser-Spezialflasche geben, nur für ihn, damit machte er sich dann auf den Weg zum Riser. Fast hätte ihm der tanzende Linus das Glas aus der Hand gestoßen, doch er konnte es gerade noch verhindern. Dann brachte er den Schluck doch heile in der Grube an.

Als er dem Riser das Glas reichte, sagte er zu ihm: „Kannst du einmal „One in a Million" von Modern Talking spielen? Es ist für meine Freundin."

Da kramte der Riser in den Platten und antwortete: „Aber sicher spiele ich die Scheibe. Sammle schon mal deine Freundin ein, es geht gleich los."

Dann verließ der Bruchpilot die Grube und suchte seine Marion. Der Riser legte Modern Talking auf und sabbelte ins Mikro: „Und das nächste Lied hat sich einer für seine Freundin gewünscht, ich hoffe nur, das Mädchen weiß, wer gemeint ist. Und hier ist nun Modern Talking mit One in a Million."

Dann drehte er den Kanal voll auf und ließ den Titel laufen. Und oben auf der Tanzfläche schmiegte sich Marion an den Bruchpiloten und flüsterte ihm ins Ohr: „Du hast dir doch das Lied gewünscht, habe ich Recht? Ja oder Ja?"

Da schaute sie der Bruchpilot verträumt an und flüsterte: „Klar habe ich mir das Lied gewünscht, ich wollte dir damit zeigen, dass ich dich liebe."

Und dann küssten sich beide auf der Tanzfläche.

Als Petmet das sah, knuffte er Mike in die Seite, beide standen mal wieder an der Bar und leerten Gläser aller Art.

„Jetzt weiß ich auch, wer sich das Lied gewünscht hat", meinte Petmet. Und Mike schaute sich mit leicht glasigen Augen um und fragte dann: „Wer denn, Ich kann niemanden sehen."

„Du bist ne blinde Nuss", meinte Petmet. „Mach doch mal die Augen auf und du siehst, dass sich auf der Tanzfläche zwei küssen, ist das richtig?"

„Klar", antwortete Mike „Der Bruchpilot und Marion, ach, jetzt verstehe ich erst. Also hat sich der Bruchpilot das Lied gewünscht."

„Na endlich ist bei dir der Groschen gefallen", erwiderte Petmet und er reichte Mike ein Bier rüber. „Denk lieber nicht mehr nach, sondern kipp dir noch einen hinter die Binde."

Und dann prosteten sie sich zu.

Und die Tänzer auf der Tanzfläche rockten wie die Wilden zu einer neuen Scheibe, es war Murray Head mit „One Night in Bangkok. Und kaum war die Scheibe verstummt, als man den Riser wieder hörte: „So, Leute, nach diesem Haufen heißer Scheiben habt ihr euch erst mal eine Pause verdient. Und in der Zeit, wo ihr verschnauft, werde ich ein paar Platten heraussuchen und euch einen Schwank aus meinem ach so trostlosem Leben erzählen, frei nach dem Motto: Ich bin heute intellektuell leicht indisponiert." Dann sagte der Riser noch schnell: „Zum Abschluss noch eine Platte von Mike and the Mechanics, Taken In, und ein großes Dankeschön an Mike, unseren Vermieter hier, und seine Mechaniker hier in der Powerstation. Thanks, dass wir hier feiern dürfen, Mike."

Da fing Dirty Harry an zu grinsen und sagte zum Flyer, der neben ihm stand: „Die Weisheiten. die er da vom Stapel lässt. sollte sich keiner entgehen lassen. die sind zu komisch. Und ja, danke, Mike!", rief er zu Mike."

Dann wartete er auf das, was da noch kommen sollte.

Die Tänzer hatten sich inzwischen um das Büfett und die Bars versammelt und spachtelten und schluckten erst mal tüchtig. Da fing der Riser auch schon an zu erzählen: „Also, Leute jetzt will ich euch mal ein bisschen Verkehrsunterricht a la Riser geben, passt also gut auf. Frisch aus der MAD geklaut. Also, auf unseren Straßen fahren die wunderlichsten Sachen herum. Wer von euch errät, was ich da gerade beschreibe, darf in meiner Musikbox blättern. Also jetzt geht's los, man nennt es das große keuchende Mammut oder auch Motorus gigantismus. Dieses große, etwas schwerfällige Lebewesen verbringt sein ganzes Leben damit, von einer Stelle zur anderen zu ziehen. Es wird von den kleineren Tieren als Leittier anerkannt. Denn sie folgen dem Mammut in großer Zahl über kurvenreiche, hüglige Wegstrecken. Zu den Angewohnheiten des kleinen Gefolges gehört es oft, sich unverhofft von ihrem Leittier abzusetzen. In solchen Fällen sucht das Mammut die Gesellschaft anderer Mammuts. Na, Leute, wisst ihr Bescheid? Und ihr da an der roten Bar bringt mir doch bitte einen Scotch-Brown aus meiner Spezialflasche vorbei. Also, Rätsel zweiter Teil. Ihre Weidegründe sind unter dem Namen Fernfahrerkneipe bekannt. Das große Mammut ist ein ruhiges Tier, das kaum angreift, außer, es geht bergab. Bei solchen Gelegenheiten kann es ungeheure Geschwindigkeiten erreichen und reißt alles umherfahrende Leben mit sich ins Verderben. Wie ihr sicher schon erkannt habt, handelt es sich bei dem Ding um einen LKW. Nun macht euch aber fertig, genug gefaulenzt, jetzt wird wieder das Tanzbein geschwungen, ich habe nämlich wieder ein paar gute Scheiben rausgesucht. Der Quiz geht nachher weiter, aber jetzt kommen erst mal die Boomtown Rats mit I Dont like Mondays. Das geht mir eigentlich genauso, zum Glück ist Montag nur einmal in der Woche, also, Leutchen, rauf aufs Parkett."

Und schon lief die Musik ab. Der Flyer machte sich unterdessen auf den Weg zur roten Bar und holte den Scotch mit Ginger

Ale, denn wenn der Riser Scotch-Brown sagte, meinte er Scotch mit Ginger Ale. Als er bei Ihm war, reichte er ihm das Getränk und fragte: „Hast du noch mehr von diesen Storys auf Lager?"

„Aber immer", antwortete de Riser, stürzte sich den Drink rein, und fragte: „Hast du einen besonderen Musikwunsch?"

Da dachte der Flyer einen Moment nach und sagte: „Send me an Angel" von Real Live.

„Kein Problem, ist gebongt", meinte der Riser und fing an zu suchen.

Dann lief die Platte aus und er ließ gleich die nächste Scheibe abfahren, es war Alan Parsons Projekt mit „Shadow of a Lonely Man", und der Flyer suchte seine Coco, um dann gleich einen abzurocken.

Und oben auf der Tanzfläche strampelten sich die Menschenmassen die Beine ab. Die nächste Platte war dann wie gewünscht „Send me an Angel" und der Flyer hatte es geschafft, seine Coco an sich zu reißen, und rockte mit ihr ab.

Unterdessen bahnte sich am Eingang Ärger an, denn Werner und seine Rocker zogen ein und sie sahen wieder ziemlich angetrunken aus. Der Bruchpilot unterdessen sagte dem Riser, dass sich was vor der Tür zusammenbraute, er würde oben gebraucht, also klickte der Riser schnell eine Kassette rein und lief oben zu Dirty Harry vor die Tür.

Als die beiden nun bei Werner ankamen, meinte der Riser zu Harry: „Ich glaube, der hat ein Telegramm für uns." Und er zeigte dabei auf Werner und Co.

Dazu meinte Harry nur: „Aber da das Telegramm so schwer ist, ist er nicht alleine gekommen." Und dann fragte er Werner: „Was willst du hier? Du bist hier mit deinen Konsorten nicht erwünscht. Hau ab, sonst gibt's was vor die Knabberleiste, dass deine Zähne bataillonsweise zum Arsch rausmarschieren." Und er ballte dabei seine Fäuste.

„Wir gehen nicht", meinte Werner trotzig. „Wir bleiben hier, wir wollen mitfeiern. Ich kann mich gut daran erinnern, dass hier auch Gruppen lose Motorradfahrer eingeladen sind und das trifft gut auf uns zu."

Da mischte sich der Riser ein und sagte: „OK,Ihr wollt mitfeiern, kein Problem." Und dann ging er zum Buffet und holte da das Bierfass vom Tisch, es war schon gut gefüllt und hielt es Werner unter die Nase. „So und nun steckt jeder von euch 30 DM da rein, sonst kriegt ihr eine Tracht Prügel und fliegt raus."

Zuerst wollten sie sich weigern, doch dann stießen auch noch Fast Freddy, Randy Andy und Ralf zu ihnen, da hielten sie es wohl doch für angebrachter zu zahlen.

In der Zwischenzeit hatte sich die Tanzfläche wieder ein bisschen geleert und der Riser gab ne neue Story zum Besten.

„Also, man nennt es die laute Hornisse oder auch Rockericius ratterdabum. Sicher wird es einen wichtigen Grund für die Existenz der lauten Hornissen geben, doch bis jetzt hat ihn noch niemand herausgefunden. Man kann dieses Lebewesen meist am Wochenende mit anderen Exemplaren dieser Rasse beobachten, wenn sie wie wild über das Land rasen. Die Hornisse gönnt sich selten eine Ruhepause. Leute, dämmert es? Also, es geht weiter. Kommt eine Hornisse einmal zur Ruhe, dann stößt sie ohne Unterlass laute ohrenzerreißende Geräusche aus. Wenn sich zwei von den Lebewesen treffen, ist das Anlass zu einem Wettrennen. Manchmal stoßen zwei Hornissen zusammen. Dies ist dann der Grund zum Feiern für alle anderen Lebewesen auf der Straße. Tja, Leute, wie ihr sicher erkannt habt, war das eine Lobeshymne auf die uneinsichtigen Rennfahrer unter den Motorradfahren. Aber nichtsdestotrotz sollte mir mal einer von euch einen Bucks Fizz vorbeibringen, sonst verdurste ich hier unten. Apropos Bucks Fizz, hier sind sie mit When we were young." Und schon drosch er denen oben die Musik um die Ohren.

Kaum lief die Musik an, da war die Tanzfläche auch schon wieder voll. Und genauso voll wie die Tanzfläche war die Rote Bar, wo sich Werner und Konsorten eingenistet hatten, und sie tankten mächtig.

Schwere Rauchschwaden zogen durch die Powerstation und die Luft war zum Schneiden dick, sodass Relax erst mal alle Fenster und Türen öffnete, um frische Luft herein zu lassen.

Es lief gerade „Let's dance tonight" von Pia Zadorra, als Ralf an die Bar kam, um einen Bucks Fizz für den Riser zu holen.

Als Werner Ralf sah, fing er gleich wieder an zu stänkern, doch das ließ Ralf völlig kalt, er holte das Getränk und ging zum Riser in die Katakomben. Als er bei ihm ankam, reichte er den Drink rüber und meinte: „Werner und seine Rocker haben gut geladen."

Da drehte sich der Riser um, stellte das Glas ab und fragte: „Na und, was heißt das auf Hochdeutsch?"

Da erwiderte Ralf Cool: „Es liegt Ärger in der Luft. Ach, wenn ich schon mal hier bin, kannst du mal die Bad Boys Blue mit You are a woman spielen?"

„Aber klar doch, vielleicht noch ein spezieller Gruß?", fragte der Riser.

Da antwortete Ralf: „Nee, lass mal, das geht schon so." Dann drehte Ralf sich um und ging nach Oben und der Riser legte „We will Rock you" von Queen auf. Danach spielte er das Lied von Ralf und er wusste, dass Ralf jetzt eng umschlungen mit Nadine über das Parkett schwofte.

Danach legte er erst mal schnell Billy Idol mit „Eyes without a face" nach und machte dann die obligatorische Pause für die Hüpfer da oben. So leerte sich die Tanzfläche und es füllten sich die Bars.

Riser suchte wieder Platten aus und erzählte eine Story: „Man nannte sie die fliegenden Sportteufel oder auch trottolusus rasanticus. Diese Lebewesen können selten in ruhendem Zustand beobachtet werden. Sein ganzes Dasein ist nur auf ein Ziel ausgerichtet. Schneller sein als jedes andere Lebewesen, dem der Sportteufel begegnet. Seltsamerweise hat der Sportteufel bei seinen Unternehmungen meistens Glück, es sei denn, er begegnet beim Überholen einem anderen Sportteufel. Dann wird eine seltsame Zeremonie vollzogen. Sie versucht der eine links, der der andere rechts aneinander vorbei zu kommen. Durch das Gesetz der natürlichen Auslese bedingt treffen sie sich allerdings meistens unter starker Geräuschentwicklung in der Mitte.

Diese Zeremonie zieht wiederum ein anderes Lebewesen an. Den weißen Bahrenträger oder auch Ambulancius samelisanitöter, der die beiden Sportteufel ihrer letzten Bestimmung zuführt. Wie ihr euch denken könnt, sind mit dieser Story die Raser unter den Autofahrern gemeint. So, Leute, seid ihr noch fit? Dann schert euch wieder auf die Tanzfläche, denn die Mugge geht gleich wieder los."

Dann ließ er die Platte laufen und rief ins Mikro: „So, Leute, jetzt liegt Flash and The Pan mit Midnight Man auf." Und das Gerocke ging wieder los.

Mitternacht war lange vorbei und die Reihen der feiernden hatten sich schon leicht gelichtet. Einige lagen auch schon im Rausch des Alkohols arg benebelt in der Ecke.

Als nun Phil Collins „One more Night" sang, fragte Linus Dany: „Sag mal, kommt mir das nur so vor oder hat der Riser vergessen, nach einem Drink zu rufen?"

Da erwiderte Dany schulterzuckend: „Das wird er wohl vergessen haben, komm, wir bringen ihm einen Drink runter."

Dann ließ Sie sich einen Scotch geben und die beiden gingen zum Riser in die Grube und Dany wollte Riser den Drink herüber reichen, doch er legte erst mal schnell noch eine Platte auf. Es war Kathrina and the Waves mit „Walking on Sunshine", dann reichte Dany ihm den Drink und er schaute ganz dumm aus der Wäsche und nippte dann erst mal am Scotch und meinte: „Ja das ist der gute Stoff?"

„Das ist dein Spezial–Scotch, 16 Jahre, nur das Beste für dich mit besten Empfehlungen von Linus und mir", meinte Dany. „Du hörst dich ein bisschen müde an, wie sieht's aus?"

Das gab der Riser zu und legte gerade was von A-ha auf, seine Wahl fiel auf „Hunting high and low" und meinte: „Ich bin ein bisschen kaputt, das ist alles. Wie läuft es oben?"

„Oben ist im Moment noch alles in Butter. Nur Werner und seine Rocker versuchen immer irgendwie mit uns Streit anzufangen", meinte Linus, „aber wir lassen sie einfach links liegen."

Zwischenzeitlich legte der Riser eine neue Scheibe auf, es war Bruce Springsteen mit „Born in the USA" und drosch es den anderen um die Ohren. Da fragte Dany den Discjockey: „Sollen wir dir vielleicht einen Kaffee holen?"

Da fing er an wie ein Honigkuchenpferd zu grinsen und er sagte: „Mensch, das wäre toll. Aber wenn möglich mit viel Milch."

Da sagte Dany zu, ihm das Gewünschte zu besorgen, und sie verließ mit Linus die Grube.

Dann legte der müde Riser die Scheibe „Nur mit dir" von Purple Schulz auf und sagte: „Leute, jetzt gibt es nochmal was zum Kuscheln und danach ist wieder Pause und Verkehrserziehung angesagt, ist das OK?"

Da hörte er sie oben auch schon grölen: „Ja, alles klar. „Also ließ er die Mugge anlaufen und dachte schon einmal über die nächste Story nach. Als das Lied zu Ende war, gingen die Tanzmäuse gestresst zu den Bars und zum Buffet, um sich zu stärken und zu entspannen. Und der Riser fing wieder an eine Story zu erzählen. Also legte er los.

„Jetzt geht es um die blauen Schlangenfahrer oder auch Promillus fatalis genannt. Diese Lebewesen kann man am besten in der späten Nacht, am Wochenende, zu Weihnachten, Neujahr oder Karneval beobachten. Zu dieser Zeit verlässt er seine bevorzugten Quellen und beginnt sein umständliches Ritual der Selbstzerstörung. Weil er ein geselliges, heiteres Wesen ist, ziehen ihn andere, nüchterne Exemplare mit anscheinend magischer Kraft an. Er nähert sich ihnen mit äußerst hoher Geschwindigkeit, besonders an unübersichtlichen Orten wie Kreuzungen, Steigungen usw. Leider besteht beim blauen Schlangenfahrer nicht die Gefahr, dass er ausstirbt. Denn obwohl jedes Jahr tausende von ihnen durch dieses seltsame Todesritual zugrunde gehen, werden sie immer wieder durch neue ihrer Gattung ersetzt. So, Leute, das war das vorletzte Kapitel von Risers Verkehrs-Erziehung mit dem Hintergrund des Alkohols am Steuer. Ich möchte euch bitten, dass ihr euch nicht alkoholisiert ans Steuer setzt. Zu diesem Thema haben Kathrina and the Waves einen Song geschrieben der heißt: Redwine and Whisky. Also los auf die Tanzfläche.“ Und er ließ die Scheibe abfahren.

Als die Scheibe durch war, legte er die Dire Straits mit „Brothers in Arms“ auf mit dem Spruch, „die sind so cool, angesagt, wer die nicht mag, soll einfach gehen“.

Unterdessen besorgte Dany oben für den Riser den Kaffee. Als sie an Werner und Kumpels vorbeikam, hörte sie Werner sagen: „Dieser Discjockey geht mit tierisch auf den Keks. Zuerst dieses alberne Gelaber und dann diese Scheiß-Mugge. Wenn das so weitergeht, gehe ich runter und haue dem ein paar aufs Dach.“

Als Dany das hörte, war sie gewarnt und ging zu den Hirschburgen herüber, denen sie das sofort berichtete. Es lief gerade Pink Floyd mit „Wish you were here“, als Mike sagte: „Ich weiß gar nicht, was die Typen haben. Ich finde, der Riser macht seine Sache nicht schlecht.“

Da zog Marion ihren Bruchpiloten auf die Tanzfläche. Es lief gerade Jennifer Rush mit „Ring of Ice„.

Relax meinte zu Mike, dem er eine Fluppe herüberreiche: „Denen ist es egal, mit wem sie Zoff machen, Hauptsache, sie können sich prügeln.“

Da sagte Linus zu Dany: „Ich würde mal langsam den Kaffee runterbringen, sonst wird er noch kalt und dann schmeckt er wirklich ekelhaft, sag ihm vorläufig noch nicht, was du hier gehört hast. Wir passen schon auf, dass nichts passiert.“

Und dann tippelte Dany los, um den Kaffee abzuliefern. Als Sie die Stufen zur Grube hinabstieg, hörte sie die Eagles mit „Life in the fast lane„.

Sie reichte dem Riser den Kaffee herüber, der sich sehr dafür bedankte, und Dany verschwand wieder nach oben.

Er trank unterdessen seinen Kaffee aus und schaute auf die Uhr, die 3.50 Uhr anzeigte. Dann ließ er die Platte auslaufen und sagte: „Pause, Leute, jetzt geht es weiter mit der letzten Lektion von meinem Verkehrsunterricht. Also, zu guter Letzt geht es um den Uniformwächter, auch Bullus uniformis genannt. Dieses Raubtier ist das gefährlichste Wesen auf unseren Straßen. Meist liegt es hinter großen Reklametafeln, Hecken oder in kleinen Feldwegen auf der Lauer. Hat es ein Opfer gesichtet, rast der Uniformwächter aus seinem Versteck und folgt seiner Beute kilometerweit, bis es zuschlägt. Wenn das Opfer gestellt ist, versucht es meistens, sich zu verteidigen. Doch hat sich das meistens als nutzlos erwiesen. Warnung, doppelt unterstrichen, hört genau zu! Ebenso nutzlos ist es, mit kleinen bedruckten Papierscheinen den Uniformträger beruhigen zu wollen. Es sind nur wenige Fälle bekannt, bei denen dieses sonst so wirksame Mittel genützt hätte. Meistens steigert es nur die Wut des Raubtieres. Und die Moral von der Geschichte ist, besteche dumme Polizisten nicht. Und nun geht es weiter mit Musik, denn die Verkehrserziehung habt ihr überstanden jetzt kommt Queen mit Who wants to Life forever, ne affengeile Scheibe. Freddie at his best."

Und dann drehte er den Regler auf und die Tanzfläche füllte sich wieder.

Aber auch Werner und seine Rocker waren gefüllt, denn Werner meinte plötzlich: „Kommt, Leute, lasst uns mal zu dem Muggetypen gehen, der hat meine Nerven lange genug strapaziert."

Als sie sich auf den Weg machten, hefteten sich die Hirschburger mit Unterstützung der Ghosthunter auf ihre Fersen.

Als nun Styx ihren „Mr Roboto" sangen, kam es oben zum Zusammenstoß zwischen den Hirschburgern mit Unterstützung der Ghosthunter und dem kleinen Häuflein von Werners Leuten. Die Hirschburger stellten sich vor den Eingang der Grube und fingen die Typen ab. Ralf sagte zu Werner, der ihm an nächsten stand:

„Werner was hast du denn schon wieder vor? Das sieht schon wieder mächtig nach Ärger aus, aber lasse es besser."

Während nun Huey Lewis mit seinen News „Power of Love" spielte, antwortete Werner: „Ich wollte dem Typen da unten nur ein bisschen Musikverstand einbläuen, das ist alles."

Da antwortete Marion ihm: „Ihr müsst wohl auch immer Ärger machen? Mit euch ist auch gar nicht zu los, ihr wollt ja immer nur Zoff."

Da schob sich Dirty Harry auf Werner zu und schrie Werner an: „Werner wenn du mit deinen Rockern Ärger haben willst, bekommst du den von uns." Und dann blies er seinen mächtigen Brustkorb auf, schnappte sich Werner beim Kragen und sagte: „Ich glaube aber nicht, dass du so viel Ärger vertragen kannst, ist das klar?"

Da riss sich Werner los und Dirty Harry sagte zu Werner: „Mensch, Werner, wenn du nicht immer so einen Scheiß machen würdest, könnte man mit dir vielleicht noch was anfangen, aber so?" Und er zuckte nur mit den Schultern.

Da erwiderte Werner patzig: „Ihr gebt mir und meinen Jungs ja auch keine Chance."

Alphaville gab gerade „Big in Japan" zum Besten, als Ralf sagte: „OK, Werner wir geben dir eine Chance. Wir nehmen dich und deine Typen bei uns, den Hirschburgern auf. Wenn ihr euch benehmt, könnt ihr Hirschburger bleiben, wenn nicht, dann wird es uns ein Vergnügen sein, euch in den Arsch zu treten."

Da besprach sich Werner erst mal mit seinen Typen und der Rest zog sich erst mal ne Fluppe oder was zu trinken rein. Dann wandte sich Werner an Ralf und antwortete: „OK, ich habe mit meinen Kumpels beschlossen, es mal als Hirschburger zu versuchen."

„Dann gibt es ab jetzt keinen Zoff mehr zwischen uns, ist das klar?", meinte Linus. „Auch nicht wegen der Mädchen."

Als Limahl „Neverending Story" sang, gaben sich die Jungs von Werner und die Hirschburger Powerstationbesatzung die

Hände. Dann wurde gefeiert bis zum nächsten Abend.

Denn sie hatten ja wirklich was zu feiern, oder?

PS. Gut eine Woche nach dieser Feier tauschte der Riser die 1100er wieder gegen seine bevorzugte Turbo ein, die war doch mehr nach seinem Geschmack.

Er sagte sich, Leistung ist durch nichts zu ersetzen, aber an der Größe können wir ja arbeiten. Ihm war eine bärenstarke 750er lieber als eine gedrosselte 1100er. Da war die Turbo die bessere Wahl.

Und etwas später gönnte er sich dann auch noch die Sanyo-Stereoanlage, warum auch nicht??

Nachwort

Dieses Nachwort schreibe ich im Oktober 1990 kurz nachdem die Turbo gegangen ist und ich mir einen neuen Wagen bestellt habe. Einen Opel Kadett GSi 16 V mit 150 PS, Liefertermin wie bei fast allen Opels von mir am Gründonnerstag, dem Donnerstag vor Ostern.

Den Manta habe ich bei einem schweren Unfall nach einer Nachtschicht morgens um 6 Uhr 30 am 18.August 87 verloren. Da ich ein Mantafahrer mit Lederjacke und Stiefeln war konnte ich noch so unschuldig sein, am Ende war ich doch der Schuldige, deutsche Rechtsprechung nenne ich so was.

Der Nachfolger war der kleine GSi mit 115 PS.

Die Turbo war durch, die Reparaturen wären mir zu teuer gekommen (Der Turbolader war leider zum dritten Mal defekt).

Die Nachfolgerin wurde eine GPX 600 R, etwas weniger PS, aber ein tolles Moped.

Die Ghosthunter haben sich im Herbst 1989 endgültig aufgelöst und man verstreute sich in alle Himmelsrichtungen.

Die Kutten der Ghosthunter sind bis auf zwei verbrannt worden, nur Dirty Harry und ich haben unsere Kutte noch, denn Harry meinte, wir haben den Club aufgebaut und zusammengehalten, also steht uns dieses Privileg zu.

Das Siechtum begann meiner Meinung schon 1987, als man uns unser Hauptquartier nahm (da stehen jetzt Reihenhäuser) und sich das alles zu sehr ausdehnte. Plötzlich mussten die Hirschburger, einschließlich Werner, und auch die Ghosthunter unter einen Hut gebracht werden. Das wurde von Jahr zu Jahr immer schwieriger. Oder, um ehrlich zu sein, es war unmöglich. Da konnte selbst ich mit meinem Talent für das Vermitteln und Ausgleichen nichts mehr ausrichten.

Wie es so schön heißt, wir haben den Wagen an der Wand zerschellt und es ging nichts mehr, leider.

Es kam irgendwann die Zeit, wo es nicht mehr hieß „wir„, sondern wo plötzlich immer öfter „ich“ gesagt wurde. Und wenn plötzlich immer mehr Leute „Ich“ sagen, ist die Party vorbei, denn der Zusammenhalt ist ohne ein Wir-Gefühl nicht mehr vorhanden. Einige aus dem Club sind jetzt nicht mehr unter uns, sie liegen jetzt 1,80 Meter unter der Grasnarbe. Als sich Mike auf der Rückfahrt aus Assen totgefahren hatte (1987), brauchten wir gar nicht lange zu warten ,er war noch nicht mal unter der Erde, da flogen die Hirschburger auch schon aus der Powerstation. Und da wurde es immer schwieriger, vernünftig zusammenzuhocken.

Die Interessen haben sich mittlerweile verschoben. Viele sind inzwischen verheiratet, haben Haus, Frau und Kinder, da war Motorradfahren nicht mehr das Wichtigste auf der Welt, und viele zogen wegen der Arbeit weg. (Dirty Harry sogar bis in die Nähe von Ingolstadt.)

Wir fielen förmlich auseinander und es gab keinen Kitt, der das noch zusammenhalten konnte. Ich meine, Mitte der Achziger war ne schöne Zeit, die aber nicht mehr zurückkommt, wir sollten sie in guter Erinnerung behalten und auch an die denken, die den Spaß am Auto und Motorrad mit dem Leben bezahlt haben.

Die 70er und 80er Jahre waren das goldene Zeitalter der Motorradclubs, das änderte sich in den 90ern, als die Jugend bequem wurde und ein Motorrad zu unbequem und wetterabhängig war, ein Auto war da plötzlich wichtiger, bis 18 ließ man sich von Mutter, Vater oder Geschwistern, Freunden fahren. Was vorher uncool war, war plötzlich normal. Man wartete ja auf den Führerschein, ein Zweirad war nicht mehr in.

Und wenn ich ehrlich bin, waren es wirklich zu viele Besuche auf den Friedhöfen im Großraum Nienburg-Hannover.

Jedes Mal fragte man sich, wann man selber dran ist.

Also schließe ich hiermit das Kapitel Ghosthunter, ohne je eine zweiten oder gar dritten Teil geschrieben zu haben. Es war schon genug los, doch ich hatte einfach keine Lust mehr, weiter im zwei-Finger-Suchsystem an einer Fortsetzung zu schreiben.

Im stillen Gedenken den Hirschburgern und Ghosthuntern gewidmet, die mal waren und nicht mehr sind. (Dabei möchte Ich niemanden besonders hervorheben, sie waren alle wichtig und unersetzbar.)

Claus Dieter „Benny“ Fienhage ... der Riser